AF577995

SANTIAGO COCA

EL FÚTBOL, JUEGO LIMPIO

Título: EL FÚTBOL, JUEGO LIMPIO

Autor: SANTIAGO COCA

Editorial: WANCEULEN EDITORIAL
Sello Editorial: WANCEULEN EDITORIAL DEPORTIVA

ISBN (PAPEL): 9788419388476
ISBN (EBOOK): 9788419388483
DEPÓSITO LEGAL: SE 1301-2022

Impreso en España.

WANCEULEN S.L.
www.wanceuleneditorial.com y www.wanceulen.com
info@wanceuleneditorial.com

“La cultura humana brota del juego”

Johan Huizinga: Homo ludens

ÍNDICE

A modo de justificación

Ni todas las acciones humanas, no deportivas, merecen ser catalogadas como ejemplares, ni todas las conductas, específicamente deportivas, pertenezcan o no al fútbol, podrán ser consideradas como "Juego limpio".

Pero nos será permitido afirmar lo contrario. Porque muchos de los actos humanos, deportivos o no, futbolísticos o no, sí son acreedores de ser catalogados como comportamientos modélicos.

Sucede, a veces, que lo impropio, lo desacertado, encuentra mayor cabida en los reportajes periodísticos que lo correcto y lo oportuno. Consecuentemente, la repercusión de esas informaciones va creando, y alimentando, los contenidos de una opinión pública, que no siempre está dispuesta a objetivar sus razonamientos eliminando la paja del trigo. Se emiten juicios universales, indiscriminados, que no responden a la realidad y de un plumazo las anécdotas se transforman en hechos cotidianos y frecuentes.

Sin negar la evidencia de las conductas reprobables, que tienen lugar dentro y fuera de los campos de juego, intentamos dar a conocer, desde estas páginas, un retazo de vida humana futbolística, que entendemos es ejemplar.

El fútbol, fenómeno humano de carácter universal, está ofreciendo, al menos, la oportunidad de ser pensado de forma reposada, inteligente, por todos aquellos que, sin prejuicios, aceptan su cara y su cruz.

A los lectores les queda su libertad de pensar a favor o en contra del título del libro y de sus contenidos. A este respecto, el autor ya se ha pronunciado.

Introducción: El fútbol, juego limpio

El pensamiento filosófico constituyó una de las señas de identidad, que caracterizó el quehacer cotidiano de los pueblos de la antigua Grecia. Y de ese pensar incansable nacieron los conceptos y palabras que, poco a poco, fueron definiendo el fondo y la forma del modo de ser de aquellos griegos, que en un principio no acertaban a entender sus vidas sin su dependencia de los dioses y que terminaron por emanciparse de ellos para reconocerse dueños de su destino.

Los griegos hicieron hincapié, desde los comienzos de su pensar sistemático, en desentrañar dos conceptos que evidenciaron el porqué y el cómo de la presencia del ser humano en el mundo: el concepto de "Naturaleza humana", que podríamos definir como "Aptitud" y el concepto de "Esfuerzo" que equivaldría al de "Actitud".

Los griegos, que al fin reivindicaron la autonomía de la naturaleza humana frente al destino marcado por los dioses –el respeto a la libertad del ser humano-, requirieron, también, el respeto a esa naturaleza cuando de ella se exigía cualquier esfuerzo encaminado a su mejora, porque ya, desde entonces, "no valía todo para conseguir la victoria".

La naturaleza humana –las dotes innatas que definen a todos los nacidos- era para aquellos pensadores de la antigüedad, el principio de toda posibilidad de vida, la fuerza que habría que tener en cuenta para construir y organizar cualquier respuesta racional que representara, con mayor o menor certeza, el quién y el qué eran esos seres humanos, a la par que anticipaba un futuro prometedor o insignificante.

Este concepto, por sí solo, no explicaba el por qué unas personas eran mejores que otras, y el hecho de atribuir al capricho de los dioses esas diferencias, lejos de satisfacer la inquietud de los filósofos griegos, despertó nuevas formas de pensar. Y entre ellas, el convencimiento de que el "esfuerzo" tenía mucho que decir a la hora de valorar la conducta humana.

> *"Conoce en primer lugar, enseña tu capacidad, aquello para lo que has nacido, vence al destino, trasciende tus dotes naturales y transforma todo tu mundo, tanto interno como externo".*

Desde ese concepto "Esfuerzo" proviene nuestro concepto "Ética", y así términos como empuje, afán, dinamismo, energía, junto a otras tantas ideas asociadas, se concitarán, desde aquellos tiempos, para desarrollar las cualidades innatas hasta su posible plenitud.

El fútbol, desde su nacimiento, se asentó sobre estos dos pilares "aptitud-actitud" y corrigió deficiencias, tanteó posibilidades y sobre todo creó respuestas de toda índole con el objetivo de acreditarse para contribuir a la humanización de todos aquellos que se movieran en su espacio.

Nuestra intención en este libro es la de justificar que el fútbol es un juego limpio, juego ético, sin desconocer por ello que, circunstancialmente, también existe, en el fútbol, el juego sucio.

Que haya luces y sombras en el fútbol es una constatación, diríamos de sentido común, que corresponde a cualquier fenómeno humano, deportivo o no deportivo. La desmesura de esta evidencia radicaría en la exageración con que a veces se trata, por ejemplo, la violencia en torno al fútbol. Pero no obstante todos los sucesos negativos que manchan la imagen del fútbol, a nadie se le oculta que la revisión sensata de los innumerables acontecimientos, humanos y técnicos, que se dan cita a lo largo de un torneo, de una competición, de un partido o de un entrenamiento, nos ofrecen una estampa nítida y ejemplar que calificamos como propia de un juego limpio.

Observemos con lupa, si así lo preferimos, la vida del fútbol, pero toda ella, sin parcelar, adrede, compartimentos estancos donde aplicar la acusación sin miramientos, y aceptemos las consecuencias de esta investigación.

Por nuestra parte, aquí dejamos, escritas en este libro, nuestras valoraciones y la conclusión de todas ella ya queda manifestada, explícitamente, en el título de este libro: El fútbol es un juego limpio.

Primera parte:

FÚTBOL,
Complejidad y Juego

El fútbol despierta, entre los que lo defienden y los que lo rechazan, un sinfín de preguntas –preguntar es siempre un punto de partida necesario para cualquier investigación- que surgen tanto dentro de su espacio estrictamente deportivo como más allá de este ámbito.

> *Del fútbol algunos dicen, no nosotros, que sabemos casi TODOS*
>
> *Del fútbol algunos dicen, no nosotros, que sabemos de casi TODO*

Y sin embargo son incontables las horas que dedican los técnicos y los entrenadores a la búsqueda de unas soluciones que los condujeran a esa deseada, y apenas conseguida, eficiencia.

El fútbol es una cuestión que se dilucida entre seres humanos y como tal suceso humano se resiste a ser sistematizado en compartimentos estancos. Recurrir a la simpleza reduccionista de que "fútbol es fútbol", que no deja de ser una tautología, no soluciona los múltiples interrogantes que suscita su desarrollo.

El fútbol es una manifestación de vida de tal intensidad –de vida dentro y fuera de los recintos deportivos- que obliga a permanecer muy atentos a sus latidos, acompasados unos, arrítmicos otros, si de verdad queremos conocer todo lo que de ellos dimana.

Convencidos de esta complejidad lúdica nos acercamos a ella, en estas páginas, con el debido respeto a su condición humana –sin respeto será inútil hablar luego de ética- con el aplauso generoso a su bien hacer –jugar bien es evidenciar que la excelencia existe- y con el ánimo dispuesto a seguir pensando sobre esta doble perspectiva, complejidad y juego, desde la que valorar este fenómeno deportivo que llamamos fútbol.

Capítulo 1

El fútbol, deporte complejo

Podríamos afirmar, en términos generales, que el fútbol, como cualquier otro fenómeno deportivo, o no deportivo, está valorado según la perspectiva desde la que se contempla, y que según este parecer cada observador interpretaría el fútbol a su manera y así, consecuentes con su visión particular de entender esos sucesos futbolísticos, darían a la luz los análisis más dispares.

En estas páginas nos hemos asomado al fútbol desde la perspectiva de la complejidad. Dejamos para más adelante su análisis más pormenorizado y por el momento nos quedamos con la afirmación de que la complejidad se manifiesta, cuando hablamos de fútbol, de dos maneras:

- La primera, expresión o apariencia hacia el exterior, se nos hace visible como una suma de sucesos fácilmente detectables y por supuesto dispares: gestos técnicos, goles, fichajes de futbolistas, destitución y nombramiento de entrenadores, imágenes en la televisión... Todo un repertorio de acciones o de omisiones que despierta la atención inmediata de quienes observan un partido, un entrenamiento o una competición.

- La segunda, acontece por dentro de los protagonistas del fútbol, especialmente en el mundo interno de futbolistas y entrenadores, y configura una red de contradicciones, de paradojas, de aciertos y de proyectos, casi imposible de ser percibida por los observadores, desde fuera, del fútbol.

Quedarse solo en la percepción externa del fútbol, como si la única posibilidad de explicar lo que allí tiene lugar quedara prendida de los aspectos visibles del juego, sería acogerse a una interpretación superficial de fútbol que desembocaría en una visión raquítica de la complejidad del fútbol.

Y quedarse únicamente en la valoración de las vivencias, que por dentro configuran la personalidad de los futbolistas, como si no fueran más que simples anécdotas, pasajeras, sin importancia en el desarrollo del juego, sería negar que en ese mundo interior de los protagonistas del fútbol tiene su sitio una de las formas más complejas de este deporte.

La complejidad del fútbol abraza las dos perspectivas, la de mirarlo en su formulación externa –el fútbol como manifestación lúdica- y en su creación interna –el fútbol como espacio donde se citan los pensamientos, las decisiones, los miedos, las ganas de ser mejor, la vida íntima de cada uno de sus protagonistas-.

1.1. EL SER HUMANO ES COMPLEJO

La tendencia, más o menos comprometida, cultural y académicamente hablando, a reducir la formulación del pensamiento a esquemas más vinculados a recetas de fácil asimilación, o a resúmenes que eviten una lectura prolija, nos llevan al falso convencimiento de que el ser humano –luego diremos futbolista- es una presencia viva, una realidad que se explica sin esfuerzo ni estudio de ninguna clase, como si el fútbol, fenómeno humano, no estuviera sometido al estudio y a la ciencia como los demás sucesos humanos de los que somos protagonistas.

Este renuncia, en primer término, a pensar, y en segundo término, a pensar esforzadamente, y en tercer término, a seguir pensando en clave de complejidad, desemboca no sólo en la ignorancia de lo que significa el ser humano, el futbolista en nuestro caso, sino en el falseamiento, por perezosa simplificación, de lo que quiere decir su naturaleza, su auténtica realidad. Con acudir, como algunos así lo afirman, a la fórmula tautológica de que "fútbol es fútbol", ya parece que está resuelto el enigma de la dimensión humana y técnica de este deporte.

Frente a esta concepción reduccionista de los fenómenos humanos, reivindicamos su estructura compleja, que no pretende rendir pleitesía, porque sí, ni a la confusión, ni al enredo, ni al misterio de lo ininteligible, como si el saber sobre el ser humano estuviera reservado a no sé qué mentes privilegiadas.

Si se afirma, como punto de partida, que somos complejos y que el ser éticos sólo será entendido a partir de esa complejidad, es porque nos damos cuenta de la riqueza que entraña este saber, este convencimiento. La diversidad de matices que caben en un ser complejo, la suma de posibilidades, unas previstas, otras imprevisibles, que caracterizan su dinamismo; la tupida real de relaciones que de continuo se tejen como consecuencia de sus actos; la recreación, incluso permanente de su naturaleza, que rechaza ser entendida como una nueva rutina, constituyen, a modo de ejemplo, la consistencia y el orgullo de esa manera de ser complejo.

Aunque cueste comprendernos así, tan complejos, el reto por alcanzar esta meta debería ser irrenunciable, entre otras razones, porque sólo apoyados en este esfuerzo podremos ofrecer respuestas válidas a cuantos requerimientos nos vengan solicitados, luego, desde las instancias estrictamente competitivas del fútbol.

El futbolista no deja, es evidente, de ser humano, al incorporarse por entero a su actividad deportiva. Y por esto mismo tendrá que pensar –y pensarse- conforme a su dimensión humana. Consecuentemente a esta evidencia, deberá ser entrenado, dirigido, hasta el final de su trayectoria profesional conforme a los postulados de estos dos mundos a los que pertenece, al humano y al deportivo. El humano le acoge aun en los días de descanso anual y semanal, es más, cuanto de mayor relieve resulte ser la carga competitiva, mayor incidencia o repercusión tendrá sobre sus decisiones deportivas la categoría humana sobre la que se asiente. Y por supuesto, como a continuación comprobaremos, la competición futbolística, que es también compleja, según los distintos niveles de exigencia de los que esté dotada, reclamará de parte de los futbolistas un mejor y más depurado tratamiento de su "complejidad humana".

¿No supone un reto complejo para los entrenadores dosificar, a lo largo de una temporada, los esfuerzos, el trabajo, el descanso, la recuperación, de todos sus jugadores?

¿No es complejo respetar, por una parte, la creatividad de unos determinados futbolistas, cuya iniciativa generará sorpresa, incluso, dentro de su propio equipo, y por otra parte, insistir en unos automatismos específicos que fortalecieran el entendimiento mutuo entre todos?

Podríamos seguir enumerando todo un sinfín de situaciones y de modos de sentir la competición, aparentemente contradictorios, que justificarían nuestra afirmación de que el fútbol es un deporte complejo, y de que a esta "complejidad" reconocida habría que proporcionarle soluciones, todavía más complejas, dado que la simplicidad no representa sino una interpretación raquítica de la realidad deportiva.

Ante todo, porque el fútbol, como fenómeno humano, pertenece a la vida y compromete, por lo tanto, su existencia con el flujo de certezas y de incertidumbres al que todos estamos sometidos.

La comunidad de propósitos -medios y fines- que caracteriza el desarrollo de la competición futbolística, nos habla del entramado complejo que articula toda esa actividad. Desde cualquier perspectiva que observemos, el fútbol -perspectiva técnica, física, sociológica, médica, entre otras-, descubriremos la cantidad, a veces impensable, de variables que lo configuran todo, con el agravante de que no siempre las preguntas, que se suscitan en su entorno, van a encontrar la respuestas oportunas.

A este respecto, bastaría el intento de analizar las múltiples inter-relaciones que mediatizan el quehacer de cada futbolista con sus compañeros de equipo, en oposición al comportamiento del equipo oponente, para evidenciar que ahí, en esos encuentros y desencuentros, o lo que es lo mismo, en los éxitos y en los fracasos de esas acciones técnicas, existe tal cúmulo de prestaciones dispares, que el empleo del término complejidad iba a resultarnos el más usado.

> *¿No es compleja la identificación de las aportaciones individuales de cada futbolista con la peculiar manera de entender la dinámica del juego colectivo de los demás futbolistas, que no siempre coincidirá, al menos como punto de partida, con el pensamiento de cada uno?*

> *¿No es compleja por dispar en muchos sentidos, la motivación que impulsa a cada uno a entregarse al resto de la plantilla?*

No nos olvidemos, por añadir un elemento más a la ya de por si realidad compleja que engloba las dimensiones del ser humano y de ser futbolista, el de la diversidad de orígenes socio-culturales que se dan cita en el seno de un equipo de fútbol de la máxima categoría deportiva. Países, culturas, lenguas, educación, creencias religiosas, compromisos familiares, toda una amalgama legítima de modos de ser y de expresarse, que dificulta, en grado sumo, la mutua inteligencia y la integración más responsable y eficaz de los futbolistas en torno a un objetivo común. Ese mundo humano sigue siendo, desde esta perspectiva, un universo erizado de complicaciones, que pondrá a prueba el saber hacer, sin duda de ningún género complejo, de cualquier entrenador al frente de su equipo.

Si el ser humano, cada futbolista, es complejo, cualquier equipo de fútbol -grupo humano deportivo- participa, de forma más acentuada, de esa complejidad. Reconocimiento éste que nos habla de las dificultades que agravan las tareas directivas del entrenador como responsable, en lo individual y en lo colectivo, de cuanto acaece en su equipo.

1.2. EL TÉRMINO *COMPLEJIDAD*

Cuando se introduce el término complejidad en un debate, sea a modo de una cita de pasada, sea como una llamada de atención sobre un determinado asunto, surge con frecuencia una respuesta de alerta de parte de quien escucha esta palabra, que le advierte de una posible tergiversación ideológica encaminada a confundir a los incautos.

Porque ¿no es acaso la sencillez, la simplicidad, la claridad de ideas, lo que nuestro mundo necesita? ¿Para qué enredar, aún más, la de por sí compleja realidad humana?

La complejidad, digámoslo desde un principio, no es confusión, ni enredo premeditado, ni convergencia que acumulara, a mala fe, tensiones con el fin de oscurecer cualquier respuesta. Cuando hablamos de complejidad afirmamos la existencia, complicada sí, pero al mismo tiempo enriquecedora, favorable al cambio y a la innovación creativa del fútbol, que huye, por su misma definición, de cualquier rutina en su puesta en práctica, de cualquier simplicidad en su tratamiento, de cualquier comodidad frente al día a día de su análisis y de las prisas por elaborar un proyecto de futuro.

Hablar de complejidad es darnos cuenta del entramado de acontecimientos, unos previstos, otros imprevistos, que jalonan todos los deportes, incluido el fútbol. Es aceptar ese tejido, discontinuo y continuo a la vez, de acciones técnicas entrenadas, de acciones nacidas durante el transcurso de las competiciones, de la creatividad o de los errores propios y ajenos. Es contar con que no siempre la jugada espectacular se ve coronada por el éxito y con que a veces, inesperadamente, alguien es aclamado como campeón.

Hablar de complejidad resulta, si se nos permite utilizar esta fórmula, inquietante, porque estamos reconociendo que se nos escapa de las manos el control exhaustivo del fútbol que, como realidad humana que es, conoce de sobre la ambigüedad, el desconcierto y la incertidumbre que configuran su existencia, junto a la evidencia, no hay que negarlo, del orden, la certeza y las previsiones legítimamente razonadas.

La vida, la racional y la irracional, es compleja y como el fútbol, pertenece a la vida, participa de estas notas características complejas y habrá que atreverse, porque esta actitud es lo racional, a encararse con ella de forma compleja. Y afirmamos, que incluso de forma aún más compleja. Una veces se logra, otras no, este cerco del orden y del desorden, de lo sencillo y de lo complicado, de lo esperado y de lo inesperado, que a todos nos envuelve en la vida.

Huir de la complejidad y escabullirse en la simplicidad no es sino escamotear, engañándose, el sentido crítico de lo que acontece para acogerse al hallazgo fácil de un rincón donde alojar en secreto los problemas, que por mucho que los ignoremos, permanecerán vivos. Encararse con la complejidad obliga al pensamiento a dilucidar nuevos caminos. Y este pensar dignifica al fútbol como fenómeno humano.

> *¿Hasta dónde el respeto por la individualidad de cada futbolista y hasta dónde su renuncia personal a favor de todos?*

> *¿No es compleja esta transferencia continua del yo de cada uno al nosotros, que es el equipo, y del nosotros al yo singular de cuantos integran ese equipo? ¿Dónde fijamos los límites de la libertad individual y los de la dependencia de los otros?*

> *¿No es compleja la conciliación de la creatividad como respuesta de los futbolistas mejor dotados, con la aplicación de los automatismos necesarios, que fijan el concepto tal vez más rígido del juego defensivo?*

> *¿No es compleja la vivencia que late y se acrecienta dentro de cada futbolista, entre sus deberes de ser colaborador con los suyos y de ser antagonista frente al equipo oponente?*

> *¿Y no es complejo el desdoblamiento que obliga a que los jugadores transiten entre el ataque y la defensa –disponer o no del balón en juego y en su poder–, cuando estas dos actitudes no siempre son aceptadas del mismo modo por quienes compiten?*

No obstante los ejemplos citados, que revelan aspectos incuestionables de la complejidad deportiva, la realidad del fútbol es aún más compleja, como así lo demuestran los múltiples y variados trabajos científicos que se dan a conocer en todo el mundo.

Lo que sucede, sin embargo, es que en vez de dar crédito, y sobre todo difusión, a estas investigaciones, preferimos la simplicidad de unos enunciados informativos que, al condenar la dificultad del fútbol en unos cómodos resúmenes, nos libera del deber, siempre mortificante, del pensar. De esta manera nos sentimos seguros –nos engañamos creyendo que lo estamos-, de que el fútbol no deja de ser un asunto de fácil comprensión.

Lo peor de este posible engaño es que lleváramos a los futbolistas al convencimiento de que su profesión no reviste dificultad alguna, y que por lo tanto con una somera dedicación a sus entrenamientos –a su profesión en definitiva-, estarían capacitados para aspirar y lograr grandes empresas. Error manifiesto que a tantas frustraciones ha conducido y conduce en nuestros días.

Como vemos, se trata en resumen, de acudir al reduccionismo, que exprime y falsea la verdad del fútbol para ofrecerlo en dosis de rápida ingestión y digestión. Es el imperativo del mínimo esfuerzo.

Valgan, por el momento, algunas reflexiones, a modo de ejemplo, para ayudarnos a comprender el entramado complejo del fútbol:

- SINGULAR/PLURAL: Cada una de las personas que integran un equipo y el equipo como resultado humano y técnico de este antagonismo.
- INTEGRACIÓN/DISTANCIAMIENTO: La necesaria afinidad y estrechamiento de relaciones frente a la marginación o la indiferencia en el seno del equipo.
- HOMOGENEIDAD/DIFERENCIACIÓN: Los mínimos comunes exigidos a todos y el respeto a las diferencias que definen a cada uno.
- RESPONSABILIDAD/PASIVIDAD: El compromiso que cada deportista acepta de buen grado frente a la renuncia de quien no se solidariza con la obligación que atañe a todos.
- PREVISTO/IMPREVISTO: Las consecuencias que se anticipan, como razonadamente pronosticadas, frente a las consecuencias o resultados inciertos que sorprenden por inesperados o temidos.

- ACIERTOS/ERRORES: En proporción favorable o desfavorable según los avatares del juego, que definen las prestaciones de todos los deportistas.

- FRAGILIDAD/CONSISTENCIA: Que afecta a la estructura de cada deportista y de cada equipo a lo largo de su vida profesional.

- TITULARIDAD/SUPLENCIA: La posición que cada jugador ocupa en su equipo y su incidencia a la hora de comprometerse con el trabajo de todos.

- EQUILIBRIO/DESEQUILIBRIO: La estabilidad o inestabilidad emocional, por ejemplo, que afecta favorable tanto a los pensamientos como a las decisiones de los deportistas.

- RAPIDEZ/LENTITUD: Características físico-psíquicas de los deportistas y de la dinámica del juego emprendida por ellos.

- EUFORIA/DECAIMIENTO: Según los distintos estados de ánimo a favor o en contra, por los que transitan unos y otros a lo largo de la competición.

- JUEGO/RESULTADOS: ¿El fin justifica los medios? ¿Importa jugar bien, prepararse bien, para enfrentarse a los oponentes?

- LLEGAR/MANTENERSE: Entre el modo de conseguir el éxito y el modo de conservarlo.

La complejidad en el fútbol reclama la desaparición de los espacios minimalistas. Ni todo se reduce a la preparación física, ni al acierto de la organización táctica, ni al gesto preciso que preside el buen hacer técnico, ni a la madurez biopsíquica, por citar algunas, de las interpretaciones sesgadas, que pudieran incluso alardear de esclarecer por separado la estructura compleja del fenómeno humano del deporte. Si no se trabaja desde la interdisciplinariedad nos hundiremos de nuevo en el simplismo.

La complejidad en el fútbol necesita la incorporación de las Ciencias, acostumbradas, desde su nacimiento, a fiarse de los datos, de su búsqueda incesante, de su análisis y contraste imparcial, de su valoración selectiva y de sus atrevidas propuestas para llevarlos a la práctica. Acostumbradas, como no podía ser por menos, a moverse en los terrenos que se denominan, a veces bajo la capa de un nuevo reduccionismo, humanístico, experimental, técnico o tecnológico.

La complejidad en el fútbol aviva la puesta en marcha, el esfuerzo cotidiano, de lo que personalmente llamamos "el avivar de la inteligencia crítica", que pide más entender lo que se hace –preguntarse por qué se realiza lo que tiene lugar cuando se practica el deporte-, que el hacer por hacer. Más pensar sobre lo que se está haciendo y sobre lo que está aún por venir, antes de comprometerse con la acción.

La complejidad en el fútbol pone a prueba tanto a los sujetos que lo estudian, lo organizan y lo practican –digamos que está a prueba la subjetividad propia de cualquier persona-, como a los objetos, temas o problemas sometidos a revisión –la objetividad que representa el hecho consumado de la acción deportiva-. Cualquier preferencia a la hora científica del análisis, que desnivelara el equilibrio de estas dos opciones reduciría el ámbito de la complejidad hasta situarla en una opción raquítica, a veces interesada por parcial, que volvería a invalidar la riqueza de sus contenidos. El objeto que investigamos y el sujeto que lo investiga, cada uno por su cuenta, resultan insuficientes. La objetividad científica, que es compleja en toda su concepción, debería insertarse, y viceversa, en el espíritu humano.

La complejidad en el fútbol reconoce que cualquier problema que se suscite, por mínimo que aparezca, repercute en todo lo que en ese momento representa sea individual o en equipo. Y por lo mismo que el todo de ese deporte, su estructura, digamos, macro-organizativa, está influyendo en cada uno de esos elementos por pequeños que sean y que integran ese todo.

Nada de todo ello es superior y nada inferior para quien se preocupe por esclarecer la totalidad del deporte. Podrá admitirse, y es evidente que así sea, la prioridad que se otorgue en un momento determinado, al análisis de un suceso concreto -¿quién estudia simultáneamente todo lo que requiere su atención o su curiosidad?-, pero esta preferencia metodológica, nacida de las limitaciones del ser humano, no daña en absoluto la visión que poco a poco se tenga de la complejidad del fenómeno deportivo que se esté investigando.

1.3. EL ENTRENADOR, UN SER HUMANO COMPLEJO

La interacción multifactorial en el fútbol, es decir, las relaciones continuas que se establecen entre sus diversas singularidades obliga al entrenador a tener presente, entre sus criterios de acción, muchos aspectos determinantes, y complejos, que atañen a todos sus jugadores, entre los que destacamos los siguientes:

> *Los que afectan a su naturaleza condicional o física; los que se refieren a sus características coordinativas o técnicas; los que definen su talante cognitivo o su aplicación a los modelos tácticos; los que expresan su condición socio afectiva que tanto importa a la hora de la integración con el resto del equipo; los que nos hablan de su dimensión volitiva de la que dependen tantas decisiones; y los que, finalmente, se relacionan con la capacidad creativa de cada uno que nos dará la medida de cómo todos los futbolistas entienden el juego y se expresan en él.*

Todo lo expuesto hasta aquí reside en cada futbolista, en singular, y reside en el equipo como la suma, en plural, de todas las responsabilidades que competen a todos los miembros de la plantilla. De ahí se sigue que nadie, y por supuesto ni siquiera los suplentes, quedan excluidos de asumir, soportar y superar la carga de responsabilidad propia de cada equipo.

¿Algunas sugerencias para que el entrenador afronte esta inevitable complejidad? Con todo el respeto y la modestia de que somos capaces, nos atrevemos a sugerir algunas ideas, una vez más dictadas con carácter general, que entendemos son imprescindibles a lo largo de todas las tareas que presiden la puesta a punto de la dirección de equipos.

Proponemos estas ideas sin establecer entre ellas ningún orden de preferencia.

- El entrenador debe saberse, conocerse, igualmente complejo, por lo que tanto su personalidad como su quehacer diario no escapan a la complejidad que lo conforma todo.
- El entrenador, por lo tanto, concibe su trabajo -y se concibe a sí mismo- desde una perspectiva global.
- El entrenador maneja certezas e incertidumbres, que unas veces controla y otras perece ante ellas.
- El entrenador vive y dirige las formas de competir de su equipo hacia un futuro incierto. Por una parte se esfuerza por transmitir confianza, seguridad, a su equipo, y por otra parte, reconoce que el fútbol, como todo juego, alimenta una buena dosis de aleatoriedad, de incertidumbre, que por definición destruye esa seguridad pretendida.
- El entrenador tendrá que insistir en las limitaciones de sus jugadores, y de las suyas, para construir, a partir de este convencimiento, el edificio consistente de su equipo. Idea ésta que convoca a un trabajo permanentemente esforzado, que renueve las posibilidades creativas de cada uno obscurecidas en momentos concretos.

Concluimos diciendo que sólo se trata de una batería de sugerencias alejadas de cualquier reduccionismo simplista, y sí consecuentes de que al valorar este enunciado doble, complejidad y totalidad, es ya caminar con paso firme hacia la solución de los problemas que plantea jugar bien al fútbol.

Más adelante, cuando hablemos del entrenador como director de equipos, esta característica de su complejidad quedará aún más destacada.

1.4. COMPLEJIDAD, SEGURIDAD E INTEGRACIÓN

El reconocimiento de que el fútbol es un deporte complejo y de que tanto los futbolistas como los técnicos están inmersos en esa complejidad, no es óbice para que todos los profesionales, ahí comprometidos, opten a la plena seguridad de sus actos –ganar, triunfar, recuperarse, aprender, mejorar–, mediante el esfuerzo continuo y acertadamente orientado hacia la consecución de esos objetivos.

Y como elemento indispensable de ese esfuerzo, de esa planificación hacia el éxito, de ese querer acertar siempre, destacamos la decisión intensa y constante por integrarse en ese flujo vital o energía grupal con que habrá que enfrentarse a la cita, nunca interrumpida, de la competición.

Los deportes de equipo están pensados, orientados y dirigidos, hacia el logro de la integración, lo más eficaz posible, de todos los recursos humanos y técnicos de que dispongan. No basta con la simple pertenencia de unos, en teoría, buenos futbolistas para asegurar de antemano la consecución del éxito apetecido. El fútbol, deporte asociación, aunque no siempre se valore así en su práctica, requiere esa dedicación constante que lo estructure como un todo organizado, teniendo en cuenta que cuando hablamos de organización no nos referimos a un concepto robotizado, sin vida propia, sino a un planteamiento consistente, y en revisión continua, que considere la integración como un fin inexcusable.

Integrarse supone, de parte de cada futbolista, dar, renunciar y recibir. Teóricamente, y en primer lugar, darse por entero, cada futbolista, a sus compañeros; en segundo lugar, renunciar a cuantos aspectos negativos, personales, perjudicaran la acción deportiva conjunta; finalmente recibir el apoyo incondicional del resto del equipo para potenciar así sus prestaciones humanas y técnicas.

La enumeración, aparentemente sencilla, de este triple reclamo competitivo, cobija una propuesta compleja que compromete, en su totalidad, a todos cuantos pertenecen a un equipo. Mencionamos el término "totalidad" porque llevar a feliz término la tarea integradora, supone que no quedaría al margen ningún aspecto que tanto humana como técnicamente mejorara el esfuerzo por aglutinar, implicar, responsabilizar, a todos, y no sólo a los futbolistas, en torno a ese proyecto.

Y como no todos los momentos de la conducta responden a pautas preconcebidas –lo imprevisible, el desorden, los aciertos, salpican el quehacer de todos los seres humanos-, integrar, de parte de los entrenadores, e integrarse, de parte de los futbolistas, reclamarán, como actos humanos que son, una revisión permanente de todos los procedimientos, que, de una o de otra forma, estarán recordando nuestra afirmación, también reiterada, de que el fútbol es un deporte complejo.

Si tenemos presente que en la competición futbolística del máximo nivel los resultados imponen su ley, el hecho de que la complejidad presida todos los caminos que tienden a desembocar en esos resultados positivos, nos recuerda, y actualiza, nuestro pensamiento que afirma que sin conseguir resolver el problema de la integración, jamás lograremos el éxito.

Es verdad que en más de una ocasión del acierto de un futbolista, de él en concreto, depende el triunfo definitivo, y que, a propósito de esa ocasión, más de un aficionado identifica a ese jugador como el héroe de aquel partido. Pero afirmar esto es falsear la realidad competitiva sobre la base de una simplificación inadmisible. El futbolista no resuelve ninguna situación al margen del equipo, remata, eso sí, una acción colectiva, como el último eslabón de una cadena, pero no gestiona, él solo, la secuencia de gestos que han desembocado en ese gol definitivo.

El reconocimiento de la pertenencia al grupo, punto de partida para conseguir adaptarse poco a poco a las necesidades del proyecto común, no suele representar un obstáculo complejo que impidiera la integración. Las dificultades nacen cuando, una vez dentro del equipo, el futbolista se siente seguro y no se preocupa por mantener viva, regenerada, esa pertenencia solidaria. No acepta la complejidad que significa competir en comunión de intereses durante toda la temporada y empieza a establecer por su cuenta, particularmente, egoístamente, en su vida, algunas prioridades que anulan cualquier esfuerzo integrador con los demás.

Prescindimos, por el momento, de otras consideraciones que reforzarían los lazos de unión, la integración de todos y de todo, desde la perspectiva de la complejidad. Damos paso, desde esta misma perspectiva, a una serie de reflexiones sobre el polo opuesto a la integración, es decir, a la desunión o ruptura de los elementos constitutivos de la armonía que preside la vida de un equipo.

Al hablar de desunión –desintegración, ruptura- nos referimos, a modo de ejemplo, a todos aquellos hechos diferenciales no asimilados, a todos aquellos imprevistos que alteraron las expectativas que en un momento se creyeron legítimas, a todas aquellas decisiones erróneas que acarrearon consecuencias negativas, e incluso, a todas aquellas aportaciones, en un principio acertadas, pero que más tarde, al ser mal interpretadas, causaron esa desunión.

Como el fútbol sigue siendo un deporte complejo, visto desde cualquier perspectiva, la incidencia en su desarrollo de cuantos elementos contribuyan a perjudicarlo, dificultará el hallazgo de soluciones oportunas al problema de la complejidad. La pregunta, o preguntas, por lo tanto que deberíamos formularnos sería la siguiente: cómo enfrentarse, entre otras cuestiones, al hecho del desorden, de la desunión, de los errores, con el que siempre va a encontrarse el fútbol.

En primer lugar, el convencimiento de que pese a todos los esfuerzos requeridos, coexistirán en el fútbol el acierto y el desacierto, la unión y la desunión, los acontecimientos previstos y los imprevistos. Y corresponderá a los entrenadores detectar en qué proporción unos y otros conviven allí para potenciar los aspectos mejorables y prescindir de aquellos que estén rompiendo la unidad del equipo. Esta dualidad, aciertos-desaciertos, será una constante en la vida de cualquier equipo y punto de origen de todos los análisis que se hagan sobre sus actuaciones.

En segundo lugar, que no existen fórmulas, tipo recetas, que consigan resolver los inconvenientes a que den lugar los elementos que propician la desunión. Hay criterios generales, eso sí, que acentúan unas determinadas líneas de trabajo sobre otras, pero cada equipo, cada partido, cada circunstancia competitiva, es un mundo singular, un mundo aparte de los otros, que demanda soluciones singulares, apropiadas a esa forma de ser el equipo. Esta afirmación no supone una evasiva irresponsable para eludir la respuesta directa de cómo arreglar la desunión desde la complejidad. Sencillamente no se conocen respuestas de carácter universal, diríamos que no existe un pensamiento único desde el que satisfacer la pregunta de cómo convertir la desunión en unión. Tendría que desaparecer el hecho mismo de la complejidad, y esta hipótesis ni siquiera tiene cabida en nuestro mundo.

En tercer lugar, como la complejidad es una cuestión que debe ser tratada desde una perspectiva de totalidad, el problema de la desunión, del que ahora escribimos, requiere, de igual manera, ese mismo tratamiento. Nada de reductos minúsculos que atribuyeran a un solo elemento la causa del desorden en el equipo. La inter-relación de todos los factores o elementos, que de continuo dan vida al equipo, es la causante de los errores detectados. Lo contrario sería simplificar, hasta el absurdo, tanto los sucesos negativos, que ocurran, como las soluciones, que se presentaran para subsanarlo.

Capítulo 2

El fútbol, algo más que un juego

Después de afirmar en el capítulo 1 que el fútbol era un deporte complejo ¿no sobra decir ahora, en este segundo capítulo, que es algo más que un juego? ¿No abarca el término complejidad los contenidos lúdicos que puedan aplicarse al fútbol?

SÍ y NO

Complejidad, en un sentido lato y sin matizar, contemplaría esa urdimbre, ese conjunto de perspectivas, desde las que definir todo lo que se nos ocurriese en torno a este deporte y en este caso estaría de más este capítulo 2.

Pero si aceptamos la complejidad en un sentido menos abstracto, una vez elegida una de esas perspectivas posibles desde las que valorar lo futbolístico, este capítulo 2 nos ofrecerá lo que venimos buscando, el detalle ampliado de un mundo que sin perder su peculiar modo de ser –es un juego- acentúa su presencia en medio de todos nosotros, diversificado en múltiples formas culturales. Y en este supuesto, el fútbol reclama de cuantos se interesan por él, que trasciendan la posible visión menguada del significado lúdico del fútbol y se atrevan a engrandecerla con otras categorías.

En eso estamos. En aventurarnos a ir más allá de las apariencias o de las evidencias, a no dar por sentado el juicio más o menos mayoritario, de quienes tienen por costumbre hablar de fútbol como de un suceso fácilmente inteligible.

Bastaría con apartar al fútbol del rectángulo de juego y alojarlo en los versos de un poeta, en las secuencias de una película, en las páginas de una novela o de un ensayo, en los colores de la paleta de un pintor o en el claroscuro de una fotografía, para acreditar que el caudal de experiencias culturales que nacen a propósito de este juego, desborda con creces los límites de este capítulo.

Agradecemos, no obstante, esta imposibilidad de expresar cuanto contiene ese más allá del terreno de juego, porque así, de esta manera, nos sentimos en deuda con este reto, el de urgirnos a comprobar hasta dónde somos capaces de descubrir un nuevo mundo futbolístico.

2.1. EL FÚTBOL COMO UN JUEGO

El fútbol es algo más que un juego, acabamos de decirlo, pero es, ante todo, un juego, y a esta denominación nos debemos ahora, porque si no establecemos claramente al menos como punto de partida, el significado de esta relación "fútbol-juego", no seremos capaces, luego, de conducir a este deporte por los caminos de la ética.

Resultaría fácil aprovecharse de las definiciones que sobre la palabra "juego" acumulan los diccionarios, aplicarlas a continuación al fútbol y quedarnos aquí dando vueltas acerca de unas cuantas especificaciones que nos dieran la razón de por qué el fútbol se entiende como un juego. Pero este trabajo nos alejaría de nuestro propósito principal, así que intentemos descubrir si existen otras perspectivas desde la que valorar más profundamente el sentido lúdico del fútbol.

2.2. EL FÚTBOL, ALGO MÁS QUE UN JUEGO

Como respuesta a este apartado hemos elegido dos perspectivas: desde la primera, pensar sobre la actitud o forma de comprometerse cada uno jugando al fútbol, o como predisposición de cada uno de esos jugadores, y del equipo, a reaccionar oportunamente frente a las distintas situaciones competitivas. Y desde la segunda perspectiva, pensar acerca de la capacidad analítica mediante la cual los técnicos y los futbolistas examinan el antes, el durante y el resultado de esa actitud.

La primera perspectiva nos iluminaría el campo de la **responsabilidad**, es decir, de la subjetividad de quienes hayan estado comprometidos con el fútbol a lo largo de la competición.

La segunda perspectiva nos mostraría la otra cara de ese sentido lúdico del fútbol que andamos buscando, esa muestra objetiva, nacida de la **autocrítica** que deja constancia fidedigna de todo lo que ha acontecido a lo largo de todas las acciones y omisiones gestadas en torno al fútbol.

2.2.1. Responsabilidad

En términos generales es la relación ética que vincula a cada persona con sus obligaciones. Y en consecuencia con esta definición, jugar al fútbol exige comprometer la libertad de cada futbolista hacia la consecución de unos resultados que, en principio, no dependían de la técnica ni de la táctica empleadas.

Pensar el fútbol como un juego nos obliga a descubrir, a propósito de la responsabilidad, lo que existe en el desarrollo de este deporte que no siempre aparece ante los ojos de los aficionados o de los que únicamente aplauden el fútbol como un espectáculo más o menos deslumbrante.

En un primer momento asociamos la responsabilidad con la libertad de los futbolistas. Libertad para querer decidirse, libertad para querer decidirse de una manera determinada y libertad para aceptar las consecuencias que se derivarán de sus acciones. Esta actitud o disposición libre del futbolista es el punto de partida de todo aquello que constituye la categoría de juego aplicada al fútbol y que lleva aparejado, como comienzo de todo lo que vaya a venir a continuación, el riesgo de acertar o de fracasar.

El fútbol, visto desde esta perspectiva, es algo más que un juego si por juego entendemos únicamente la plasmación, en versión técnica, física o táctica, de las reglas que configuran este deporte. Antes de que esa manifestación externa del fútbol se de a conocer, por dentro, como quien dice, de cada futbolista, se está elaborando un proceso complejo de síes y de noes –presentes en la inteligencia, la afectividad, la voluntad de cada uno- que reclaman, en justicia, ser considerado como un componente necesario del juego. Se está jugando en el interior silencioso de cada futbolista un auténtico partido en el que percibimos como equipos compitiendo, las limitaciones de cada uno frente a sus capacidades.

En esta pugna libre -lo positivo frente a lo negativo– el futbolista descubre la complejidad de su juego, la diversidad de las opciones que se le presentan antes de su decisión y el darse cuenta de que ser responsable a lo largo del tiempo de juego no es una cuestión únicamente de un momento, sino que se mantiene viva mientras ese partido, ese entrenamiento, esa concentración perduren. Cada futbolista se va haciendo responsable a lo largo de su profesión. El fútbol en consecuencia sigue siendo más que un juego concebido como realización hacia fuera.

Otra de las características que se derivan de la responsabilidad de ese poder elegir –preferir una acción concreta y prescindir de otra o de otras posibles- es la de abrir el juego a un futuro distinto, no rutinario ni despersonalizado, ya que cualquier decisión libre que elija el futbolista modifica el desarrollo del juego como hasta ese momento se estaba realizando. Y cuanto más creativa, diferente, sea la nueva acción emprendida, mejor sorprenderá al equipo oponente. De esta forma, responsabilidad, libertad y capacidad de adaptarse para controlar los ritmos de un partido, se asocian en un juego interior de posibilidades que a su vez, renovándose siempre, repercutirá en el fútbol como juego exterior de manera eficaz.

La pregunta que ahora nos hacemos compromete ese quehacer responsable del futbolista con las tareas de sus compañeros de equipo. De nada valdría optar por ser responsable a título personal, individual, si no se tuvieran en cuenta todas las responsabilidades que convergen acumuladas en el seno del equipo. ¿El futbolista, por lo tanto es deudor, colaborador responsable del trabajo de todos? Evidentemente que sí. Los otros, los demás que se integran en el equipo, condicionan el acto responsable de cada futbolista. Y en este sentido la dimensión ética –ese espacio humano que frecuentemente designamos como juego limpio- obliga a todos a fiarse mutuamente de cuantas decisiones se tomen en el ejercicio de la profesión futbolística.

Aquí surgen las dudas del cómo, del cuándo, del por qué, del dónde, la responsabilidad de cada uno, teóricamente libre por ser humana, debe plegarse a favor de las necesidades del resto del equipo. No olvidemos que un solo futbolista en un determinado momento puede ser capaz de solucionar un conflicto, por ejemplo, táctico de su equipo. O que podrá ser el equipo quien confíe en la maestría de uno de sus jugadores para que resuelva ese atascamiento en el juego.

A estas alturas del apartado Responsabilidad, el término juego da mucho juego porque es susceptible de múltiples comentarios. Pretendemos con esta búsqueda de soluciones que enriquezcan el fútbol como juego, dar a entender que la actividad interior propiciada por este deporte es de tal intensidad que su reflejo posterior en los movimientos en el campo debería ser mejor valorado que como suele hacerse habitualmente. El futbolista no es una máquina que acierta o fracasa porque un control de balón, un pase, un lanzamiento a portería hayan sido exactos o defectuosos, sino un ser responsable cuyas acciones, antes de ser vistas por quienes contemplan el juego, han sido sometidas previamente a otra clase de juego interior, imposible de ser visto.

La responsabilidad en el fútbol sólo se entendería si se le añade el calificativo de relacionada, condicionada, a las respuestas que entre sí presenten unos y otros. Cualquier gesto lúdico, un pase por ejemplo, representa una interconexión, un intercambio mental de propuestas y de afectos que han tenido en cuenta, en un instante, el deseo protagonista del ejecutor de una acción técnica y la aceptación sincronizada del receptor que acepta como propia la decisión de su compañero de equipo. Se culmina, así, un proyecto de juego, de acción mínima si se quiere hablar en estos términos, que sumado a otras numerosas acciones técnicas darán como resultado la historia de un partido o de un entrenamiento.

Cada jugador responde ante sí –no elude su particular responsabilidad- y responde ante los demás –tampoco él se concibe, o al menos no debería concebirse, como ajeno a lo que los demás están haciendo-.

Finalizamos este apartado proponiendo, a modo de breviario, una serie de reflexiones, nuevamente enunciadas y por lo tanto desprovistas de comentarios:

- Jugar bien es probarse continuamente si cada uno es capaz de interpretar, subjetiva y responsablemente, las normas del reglamento del fútbol. De ahí que transgredir el reglamento sea ir contra el espíritu del juego.
- Jugar bien prueba al futbolista como ser humano individuo y ser humano integrado en su equipo.
- Ser responsable es aceptar ser excelente.
- El fútbol como juego no consiente ser jugador de cualquier manera, hay que considerar su complejidad y su dignidad como reto de hacer mejor a sus practicantes.
- Salir a jugar es abrir puertas a la responsabilidad porque se comparece ante los demás, -los míos, los otros- para ser juzgado por lo que se hace y por lo que no se hace.
- La responsabilidad asume y supera las limitaciones del futbolista y del equipo. Es la conexión que se establece entre la seguridad o inseguridad de todos cono la solicitud del juego, y cuanto más se haga notar la responsabilidad mejor se descubrirán los secretos del juego.
- La responsabilidad de los otros -los míos, los demás- siempre será un misterio del fútbol como juego, que irá desvelándose a medida que todo transcurra.

2.2.2. Capacidad autocrítica

Una forma de trascender la manifestación del fútbol, para no quedarse como meros espectadores, es su realización crítica, es asomarnos, desde una nueva perspectiva, a ese algo más del fútbol como juego.

Situarnos así es preguntarse hasta dónde los protagonistas del fútbol -jugadores, técnicos, árbitros, directivos- son capaces de autocriticarse. Es decir, cómo buscan, cómo descubren, cómo analizan, cómo asimilan los resultados de esa investigación, que se centra, desde su reflexión, en lo que ha sucedido -el pasado que ya es inamovible-, en lo que está sucediendo -el presente que jalona cada momento de la competición- y en lo que puede suceder- ese futuro, entre lo previsible y lo imprevisible de todo suceso humano.

Así lo acontecido, lo que acontece y lo que está por acontecer, se ofrece a la visión autocrítica de todos -sin autocrítica no hay mejora-, para desvelar los secretos de su deporte, como el fútbol, que en más de una ocasión ve reducida su importancia social al hecho escueto de lo que ocurre durante unos minutos, sobre el terreno de juego.

No estamos perdiendo de vista, aunque no lo citemos, nuestro compromiso con la dimensión ética del fútbol -el fútbol, juego limpio-, que preside nuestros razonamientos. Estamos intentando desentrañar, directa e indirectamente, la estructura compleja del fútbol para desvelar su reputación ética, sin perder de vista, por otra parte, sus malformaciones indignas de las que enseguida hablaremos.

Proponemos una muestra de como poner en práctica esa capacidad autocrítica según los tiempos del pasado, del presente y del futuro que acabamos de exponer. La exponemos sin desarrollarla prolijamente. Es un ejemplo, uno más, de la amplia oferta que el fútbol ofrece a la consideración crítica de todos. En nuestro caso hemos elegido para la autocrítica y como punto de referencia del pasado lo que ha sucedido en un partido. Como referencia del presente qué elementos analizaremos durante un partido. Y como análisis del futuro, nuestras previsiones y respuestas consecuentes ante lo que pueda suceder.

La autocrítica, que reivindicamos como necesaria, es tarea compleja porque tiene que asociar la objetividad, es decir, la fuerza de los hechos ocurridos y el devenir de lo que va sucediendo con la subjetividad de quien se atreve a configurar un trabajo futuro a la vista de todo aquello.

Por una parte, ocurre que no siempre los profesionales del fútbol aceptan ser objetivos, es decir, someterse a la verdad y a la fuerza de los hechos y buscan, por el contrario, excusas o escapatorias para darse la razón a sí mismos.

Pero por otra parte es necesario que todos esos profesionales vuelquen toda su capacidad de interpretar, de analizar, los hechos que van sucediendo en la competición, porque de otra manera resultará imposible dirigir acertadamente a un equipo.

Será preciso, por lo tanto, reconocer, al mismo tiempo, la importancia que los profesionales del fútbol otorgan a los hechos -no tachándolos de meras casualidades carentes de interés-, y la importancia con que los hechos condicionan el trabajo de esos profesionales, evitando que caigan en la indiferencia o en el escepticismo.

Desde los primeros años de la iniciación deportiva los niños deberían familiarizarse con las tareas autocríticas que nacen en el entorno de las preguntas del por qué, del cómo, del dónde, del cuándo, del con quiénes y contra quiénes, preguntas todas ellas que contribuyen a estructurar la personalidad pensante, reflexiva, de esos niños, que lejos de convertirse en jugadores robotizados asumen su dedicación al juego del fútbol como un trance humanizador que les satisface plenamente. Preguntar cada niño a su entrenador y ser preguntado por quien le dirige forma parte, y muy estimable, del método de aprendizaje y enseñanza que define la tarea de estos primeros años del acercamiento al fútbol.

El desafío que supone el que cada uno se encare consigo mismo, reto inexcusable para aprender a vivir y aprender a competir, es un compromiso que tendrá que ser aceptado por una parte sin dramatismo y por otra parte con el deseo de responderse sinceramente a las preguntas de quién soy, para qué valgo, qué puedo hacer y qué me espera.

Aceptadas estas reflexiones, los distintos esquemas, que hemos presentado sobre lo que ha sucedido, lo que está sucediendo y lo que está por suceder, propician a su sombra múltiples consecuencias.

De todas formas no somos tan ingenuos como para atribuir a la tarea autocrítica la solución definitiva de los problemas que conforman la conflictividad. Es una solución, una entre otras, pero en definitiva, una solución necesaa.

Esta actitud autocrítica, que nos permite asomarnos a otro lado del fútbol, al que no se ve, estimula al mismo tiempo la creatividad de quienes se integran en su quehacer cotidiano bien sea como su ocio en su tiempo libre o como una profesión. Nos estamos acercando, llevados de su mano, al mundo de la ética, a ese universo donde tienen cabida aquellos que han elegido construirse de nuevo todos los días.

2.3. EL FÚTBOL, FENÓMENO SOCIAL

No pretendemos narrar la historia del fútbol, que por otra parte cuenta con destacados profesionales de la información y de la documentación dedicados a mantener viva la memoria, día a día, de este deporte. Únicamente proponemos como punto de partida de este apartado, doce fechas que en su momento sólo fueron el comienzo esperanzado de un futuro que entonces nadie imaginaba.

- El 23 de octubre de 1863 se crea la ¨Football Associattion", primer club y asociación futbolística del mundo.
- Año 1880, el primer equipo oficial español el Recreativo de Huelva.
- El 21 de mayo de 1904 se funda la FIFA en París.
- Juegos olímpicos, año 1900, en París. El fútbol por vez primera deporte olímpico. Inglaterra 4-Francia 0, en la final.
- Se disputa en España el primer título oficial: la Copa del Rey Alfonso XIII, año 1902. Vizcaya 2-Barcelona 1, en la final.
- Año 1913, se funda la Federación Española de Fútbol.
- En el año 1930 (15 julio-15 agosto) Primer campeonato del mundo en Uruguay. Campeón Uruguay.
- Año 1946. Nacen las quinielas. Siete pronósticos adivinando el resultado final de cada partido.

- El 4 de septiembre de 1955, primer partido de la Copa de Europa de clubs campeones entre el Sporting de Lisboa y el Partizán de Belgrado (3-3).
- Año 1956, el Real Madrid primer campeón de la Copa de Europa de clubs campeones.
- 1960 Primer campeonato de Europa de Selecciones. La URSS campeona al vencer 2-1 a Inglaterra.
- 1955-58 y 1958-60 el Fútbol Club Barcelona ganador de las dos primeras ediciones de la Copa de Ferias.

El fútbol, a partir de estos años, empezaba a ser algo más que un nuevo juego. Cambio radical que afectará también a otros muchos deportes, ya que a partir de ese año 1960, fecha de la celebración de los Juegos Olímpicos de Roma y comienzo de lo que para muchos sociólogos se conocerá como el nacimiento de la post-modernidad, el fenómeno humano del deporte, el fútbol en concreto, se agiganta cada año más y más.

Y ese algo más que un juego se llamó empresa, objetivo de la perspectiva mediática, soporte publicitario de primera, espectáculo de masas en los cinco continentes, espacio laboral y profesional, invocación a las ciencias para que contribuyeran a su desarrollo, opción cultural y circunstancia que favorecía un amplio tratamiento lingüístico -palabra, sonido, imagen- con que darse a conocer.

2.3.1 La violencia en el fútbol

Tampoco en el fútbol -es un acontecimiento humano- es oro todo lo que reluce.

No perdemos de vista, es verdad, que en el título de este libro hemos apostado por un fútbol como "juego limpio". Pero fieles al propósito de objetividad, que nos hemos marcado en torno a este deporte, reconocemos que la violencia, según las diversas perspectivas desde las que la contemplamos en este trabajo, está presente en el fútbol.

Veamos cómo.

La resonancia popular, a veces sensacionalista, con que el fenómeno de la violencia asociada al fútbol sacude, en ocasiones, el entramado social de nuestros días, nos obliga a matizar minuciosamente las múltiples causas físicas, técnicas y psíquicas que originan los descalabros y las incidencias de todo tipo que lamentamos. Porque el tratamiento simplista de la violencia, lejos de explicarnos sus porqués, los enmascara reduciéndolos a meras anécdotas o conductas delictivas personales.

Tampoco estamos de acuerdo con la identificación superficial y, por lo mismo, falsa, que estrecha los vínculos entre fútbol y violencia, como si a estas alturas del siglo veintiuno el fútbol tuviera que cargar con el estigma de ser el inductor, el provocador por antonomasia, de cuantas respuestas violentas se originaran en su entorno.

El deporte y en concreto, el fútbol, están acostumbrados, históricamente es comprobable, a ser tapaderas o apagafuegos de situaciones conflictivas que nada tienen que ver con sus propios problemas. Recordamos el "panem et circenses" de la época romana que tanto valía para ocultar las dificultades políticas que se abatían sobre la ciudad y sobre la república o sobre el imperio, que para anular el espíritu crítico de los ciudadanos.

El espectáculo deportivo, opio del pueblo, tiene más años que el fútbol y la violencia entre los pueblos o entre los individuos tampoco es de ahora. Lo que sí nos pertenece averiguar es en qué medida el fútbol engendra directamente la violencia y cómo surge, por otra parte, la violencia con motivo del fútbol, en su entorno, simultánea a él, pero sin que la cause directamente.

2.3.1.1. El fútbol como conflicto

Si la competición deportiva entre uno o varios oponentes tiende a conseguir la primacía de uno de ellos mediante el juego combinado de una serie de destrezas biotécnicas, el conflicto que se origina durante el desarrollo de estos enfrentamientos explicaría la raíz misma del deporte y el porqué, también en el fútbol surgen las situaciones violentas. Es preciso no confundir términos tan propensos al equívoco como agresividad, violencia, conflictividad, agresión, competitividad, presión, impetuosidad, fuerza, furia, fogosidad, vehemencia... Sólo así, desde la apreciación lingüística correcta, desde un perspectiva que facilite la versión filológica de las palabras que se emplean, entenderemos que puede hablarse, sin escándalos de por medio, de violencia en el fútbol y de la conflictividad que lo define.

Hablemos en primer lugar del conflicto, asociado al fútbol. No se entiende el deporte de alta competición sin hablar de resultados favorables o de eficacia en grado sumo. Y no pueden obtenerse esos índices máximo de rendimiento deportivo sin que previamente se coordinen o se sistematicen las posibilidades biotécnicas de cada futbolista con las exigencias que vienen dictadas por el entrenamiento y por la competición.

Entre lo posible y lo real de cada uno nace el conflicto, entre el querer y el realizar, entre lo que se prepara en las sesiones de entrenamiento y lo que resulta como consecuencia de un partido, entre lo que un equipo es capaz de llevar a buen término y lo que el equipo contrario le permite hacer, entre las directrices de un entrenador y lo que cada deportista traduce en su conducta competitiva... Este es el conflicto permanente, humano y técnico, que estructura el comportamiento deportivo. Por eso decimos que el fútbol es conflicto, porque es competición, porque es antagonismo, porque es antítesis, porque es enfrentamiento bien consigo mismo bien con los oponentes.

Conflicto del que no es ajena, ni mucho menos, la propia vida que entiende de supervivencia a diario, de selectividad frente a opciones a veces muy dispares, de aprendizaje doloroso o gratificante, de liberación o de postración. Lo que diferencia al conflicto deportivo, y lo retiene entre unas coordenadas típicas, es su ofrecimiento al público que lo comparte de forma peculiar y que lo ritualiza hasta límites trágicos cuando los espectadores montan su propio espectáculo en las gradas al margen de lo que está sucediendo en el terreno de juego. Surge la violencia entre los espectadores mientras abajo, en el césped, sobre el parqué o sobre la arena de una playa, los futbolistas dirimen, reglamentariamente, sus conflictos.

Admitida la existencia natural del conflicto como nota característica de la vida, o se supera a tiempo o se convive sin traumas con él, o se sucumbe bajo sus efectos, proyectándose la persona al mundo tenso de la violencia.

Ahora bien, si es fútbol es conflicto humano y técnico, se verá obligado a solucionar esos conflictos humana y técnicamente con sus aportaciones específicas vía entrenamiento técnico-táctico, vía preparación física, vía fundamentación psicológica, vía aplicación reglamentaria, sin necesidad de acudir a respuestas que le sean extrañas. El fútbol goza de los instrumentos adecuados de prevención y de resolución de sus propios conflictos a salvo siempre la garantía jurídico constitucional que ampara los derechos de todos.

Concretando: ¿qué hacer para solucionar este problema?

- **En primer lugar:** analizar esos conflictos en todos sus pormenores, porque no hay que dar nada por supuesto, definiendo el dónde, el cómo y el porqué de cada momento del futbolista, de su sitio y de su desorden psíquico. Situar este análisis en el tiempo presente sin permitir que se acumulen para el futuro situaciones no definidas, enquistadas en los adentros del futbolista, que minan, a veces imperceptiblemente, lo que aún le queda de creativo y de ejemplar. El decir que mañana, con la experiencia, con el paso de los días, desaparecerán los conflictos por sí solos, carece de sentido. Y si efectivamente desaparecen, es a costa de cicatrices profundas, de heridas mal curadas, que son ya ellas mismas conflictivas y origen de conflictos posteriores. De ahí que sea preciso que el entrenador intervenga deprisa, ofreciendo cuantas explicaciones sean precisas. La afirmación de que las razones sobran, es decir, no dar explicaciones entre adultos, como son los profesionales del fútbol, nos ha parecido siempre un sin sentido más, causa a su vez de conflictos.

- **En segundo lugar:** si el conflicto origina alteración de la personalidad debido al antagonismo que surge entre algunas de sus vivencias, será preciso conceder prioridad a las respuestas fundamentales sobre las accesorias, enseñar al futbolista a vivir con sus conflictos a cuestas sin que le perturbe esa inestabilidad lógica en cualquier ser vivo y no permitir que los sucesos de carácter externo, de los que hablábamos en el capítulo anterior, se apoderen del primer plano de la personalidad del futbolista.

- **En tercer lugar:** la resonancia popular que encuentran los acontecimientos del fútbol incrementa, en ocasiones, la gravedad de los conflictos. Menudencias se convierten en altercados, fallos esporádicos dan la impresión de obedecer a profundos desconciertos. Toda esta magnificiencia aireada desde fuera del equipo reviste de tintes dramáticos simples anécdotas que en otros órdenes de la vida social pasan completamente inadvertidas. Si el futbolista no acierta a salirse de esta espiral que le circunda puede sentir entorpecida su tarea como profesional. Supone, a veces, esa opinión pública, una auténtica violencia que añade su carga adicional de inconveniencias a la ya de por sí tensa ocupación competitiva.

- **En cuarto lugar:** tender, cuanto antes, a minimizar las situaciones límites que puedan crearse a lo largo de la competición, o para reducir su importancia, si es que la tienen, o para evitar el posible contagio que se extendería de uno a otro de los jugadores. El más complicado de los conflictos vendría a ser el que se derivara de la ignorancia o incapacidad por resolver cualquier situación, real o aparentemente conflictiva.

- **En quinto lugar:** hay que advertir que por ser el equipo de fútbol un grupo humano es lógico que en su seno existan conflictos típicamente grupales. Su estudio nos llevaría muy lejos y es mejor dejarlo aquí sugerido, no sin antes reconocer que también, entre sus numerosos problemas descubriríamos las diferencias apuntadas entre conflictos necesarios y gratuitos.

De ser esto así:

- No nos extrañemos de que existan conflictos, la vida en sí es conflictiva.

- Decir conflicto no es hablar de violencia.
- El conflicto no resuelto traumatiza y violenta a la persona.
- El fútbol debe aprender a dar respuestas convincentes a sus conflictos.
- El conflicto está asociado siempre al fútbol.
- El fútbol no está asociado a la violencia, necesariamente.

2.3.1.2 La violencia en el terreno de juego

Discurre a lo largo de tres cauces que iremos desvelando; el físico, el técnico y el psíquico.

1º. VIOLENCIA FÍSICA.

Es la agresión punible con que una persona arremete contra otra persona. Violencia técnica es esa misma agresión contemplada desde la transgresión de las reglas del juego o desde su interpretación equivocada. Violencia psíquica es la presión que la exigencia competitiva ejerce sobre los deportistas.

La violencia física de los futbolistas encuentra su réplica o su control adecuado en la aplicación correcta del reglamento. El transcurrir ilegal de esa violencia que desfigura técnicamente el comportamiento deportivo de los jugadores debe tener una fácil cortapisa en la actuación arbitral.

Los reglamentos y las reglas de juego que presiden el desarrollo de cualquier deporte definen, inequívocamente, en letra y en espíritu, el marco dentro del cual caben las respuestas técnicas y físicas de todos los participantes. Si a pesar de esta explicación jurídica estuviera presente la violencia física, tendríamos que achacar este suceso violento a la incompetencia arbitral y a los órganos federativos respectivos que están obligados a velar por el cumplimiento del espíritu deportivo. Y supuestas estas irregularidades, los respectivos colegios de árbitros tendrán que extremar la puesta a punto, la competencia, de sus colegiados, árbitros y jueces, para que en todo momento el fútbol discurra fiel a sus propósitos de juego limpio.

¿Existen actos de violencia física en el fútbol? ¿Genera violencia física el fútbol? En ocasiones, sí. Sería absurdo negar la evidencia. Hay provocaciones de palabra y de obra, hay expulsiones originadas por acciones punibles, hay lesiones provocadas por conductas violentas, hay jugadores que van más allá de la agresividad tolerada y exigida por la competición e irrumpen en los campos de juego con su presencia desmedida. ¿Cuántos son los jugadores violentos? Desde luego una minoría insignificante comparada con la mayoría de los jugadores correctos. Deberíamos hablar de acciones violentas aisladas, censurables siempre, pero que no empañan ni el quehacer de los futbolistas ni la consideración de rectitud que entraña cualquier partido.

Otra interrogante que se impone sobre la violencia y el fútbol es la que pregunta en qué medida, cómo, influye en el público la conducta violenta de un jugador. Y hasta qué punto, con qué rotundidad afirmaríamos que el deporte violento en el terreno de juego provoca la violencia fuera del terreno de juego, en las gradas de los recintos deportivos. Indudablemente detectamos una correlación entre lo que sucede fuera y dentro de los terrenos de juego sin que podamos afirmar que siempre se de una relación de causa afecto. En ocasiones brota la violencia en las gradas mientras impera la deportividad entre los jugadores y en ocasiones la violencia entre los jugadores o de parte de alguno de los jugadores hace saltar la violencia en las gradas o simplemente el malhumor o de la protesta continua sin que estas actitudes degeneren en violencia.

La fácil y simplista adecuación "deporte o fútbol, causa de la violencia" desfigura la realidad de los hechos y nos conducirá a una estéril casuística. ¿Quién o con qué razones demuestra que la simulación, por ejemplo, de una lesión altera directamente el orden público en las gradas? ¿Cuándo una zancadilla, un rodillazo, un agarrón... son causantes de graves desórdenes entre el público?

Otro caso distinto de violencia física es el que corresponderá a las declaraciones expresadas por los directivos y que llevan al ánimo de los aficionados la tensión provocadora, luego, a lo largo de un partido, de los actos de violencia. Ese "cargar el ambiente", al que se alude en crónicas o reportajes, correspondería a ese caldo de cultivo que facilita las respuestas violentas. Teniendo en cuenta que será imposible, en este supuesto y en otros muchos, coartar o reprimir a tiempo los brotes de violencia de aquellos que aprovechan la coyuntura futbolística para manifestarse violentamente, por la sencilla razón de que son violentos y por la sencilla razón de que anónimamente, en esos inmensos espacios, recintos deportivos, cualquier ciudadano puede tirar una piedra y esconder la mano ¿es el club propietario del estadio el responsable de estos actos?

Evidentemente reprobamos todo ese torrente impetuoso e intempestivo de quienes desde estos puestos de responsabilidad no aciertan a controlar su incontinencia verbal. Y habrá que reconocer que en esas ocasiones deberían ser sujetos de reprobación manifiesta quienes así influyeran negativamente con sus palabras. ¿Solicitamos la tipificación penal de esas conductas verbales? Les corresponde a los expertos jurídicos el estudio de estas situaciones, pero no estaría de más que pidiéramos desde aquí, suma prudencia a los directivos en sus manifestaciones por el efecto "liderazgo" que suponen frente a los aficionados a quienes van dirigidas. De nuevo se impone la racionalidad que filtra los apasionamientos y se impone, también, el control de parte de instancias superiores, de estas palabras.

Pero tampoco sabríamos valorar, reduciéndolas a números, las conexiones entre las palabras de unos y las acciones de otros. De nuevo nos topamos con ese misterioso engranaje que vincula a las personas y a los grupos por encima o por debajo de las leyes físicas. Insistimos en la responsabilidad de los directivos, no excusamos la posible inducción a la violencia que pudiera originarse de sus palabras y urgimos al comedimiento que cabe esperar de sus posiciones de privilegio representativo y de dirección de sus equipos. En medio de un ambiente social donde no faltan crispaciones de muy distinto signo, lanzar al vuelo todas esas palabras cargadas de provocaciones, juicios de doble significado, insinuaciones significativas no matizadas, no contribuye precisamente a la paz deportiva.

2º. VIOLENCIA TÉCNICA.

Entendemos la expresión VIOLENCIA TÉCNICA en sentido figurado, es decir, interpretando ese tipo de violencia como una transgresión a la letra y al espíritu del fútbol representados en su reglamento y en sus reglas. No suele entenderse así esta transgresión como si fuera un acto de "violencia típica" término que se aplica únicamente a los significados de la violencia física, dentro y fuera de los terrenos de juego. Pero nos acogemos a esta libre interpretación de los actos violentos para salvaguardar, lo mejor posible, la pureza de las normas que rigen el fútbol como juego.

También habría cabido otro enunciado, por ejemplo, "violencia jurídica" puesto que se incumplen o se vulneran códigos que avalan el proceder correcto de los futbolistas. Pero al interesarnos la dimensión lúdica del fútbol –el fútbol como juego- hemos elegido el término "técnica" para referirnos al uso indebido de aquellas acciones competitivas al margen de la ley.

La pérdida de tiempo, por ejemplo, en el fútbol "a once", que no supone agresión directa alguna contra ningún oponente, contradice el espíritu de un deporte, que al no disponer del recurso "reloj parado cuando el balón no está en juego", permite restar importancia a la dinámica de unas acciones que dejan de ser espectaculares para mostrarse pasivas. ¿Con el fin de asegurar un resultado favorable? ¿Pero diríamos lo mismo si habláramos de ejemplaridad

Algo parecido podríamos decir de la "simulación de lesiones" cuando el tiempo de juego se detiene a favor de quienes no respetan ni a sus oponentes- se les acusa sin razón de una agresión inexistente- ni al desarrollo del juego que pierde su continuidad en beneficio de los simuladores de una lesión que no tuvo lugar.

¿Y qué pensar de quienes al entrenar a los niños les enseñan perder el tiempo "a echar balones fuera" cuando lo que más desea un niño es contar con más tiempo de juego? Si jugar es ya de por sí una oportunidad de crecer como persona y como futbolista ¿a qué vienen esas consignas que distancian a los más pequeños de esos espacios y de estos tiempos de juego? ¿Invitar a jugar a los niños y al mismo tiempo inculcarles que desaprovechen esas ocasiones renunciando a jugar como si el balón fuera su enemigo?

Estamos proponiendo una revisión de un determinado número de actitudes que configuran un catálogo "no tipificado" como violento pero cuyo contenido atenta contra el criterio ético del juego limpio.

3º. VIOLENCIA PSÍQUICA.

Es preciso hablar ahora de la VIOLENCIA PSÍQUICA que padecen los futbolistas y de la que apenas de habla.

A veces, es cierto, se informa de los estados anímicos desequilibrados de los futbolistas, ellos mismos reconocen su decaimiento psíquico, pero no se pone remedio a esas situaciones. Se dice que son problemas psicológicos, y nada más. Y tácitamente se espera que desaparezcan esos problemas, casi por arte de magia, en virtud de la experiencia de los profesionales, sin caer en la cuenta de que esos asuntos también tienen sus respuestas en un adecuado tratamiento. Y que el ENTRENAMIENTO, con mayúsculas, que se aplica a un futbolista tiene necesariamente, que acoger todos estos asuntos psíquicos. De tal manera que no existirá nunca la llamada "optimización del entrenamiento en el fútbol" sin prestar más atención al estudio del futbolista como ser humano.

En una competición, como la de fútbol, donde el tiempo para el entrenamiento específico escasea debido al elevado número de partidos que se juegan, al elevado número de viajes que se realizan, a la frecuencia de lesiones, urge potenciar las respuestas típicamente humanas o psicológicas, cuya presencia y fuerza prestarían al entrenamiento y a los futbolistas apoyos a primera vista increíbles. Nadie duda que la mente empieza a competir antes que el cuerpo físico del futbolista, y nadie duda que el potencial afectivo supera las reservas físicas acumuladas en un buen entrenamiento.

Exponemos algunas consideraciones sobre esta violencia psíquica que calificaremos como "estrés competitivo" entendido como tensión lúdica más o menos acentuada según los altibajos y alternativas de la competición y según la categoría de los futbolistas que modifica, a su vez en más y en menos, la eficacia de los gestos técnicos, las relaciones que median entre los componentes de un equipo y el control de todas las situaciones en el terreno de juego. Analicemos cada una de estas afirmaciones:

Estrés y gesto técnico:

El término y el concepto presión, estrés, incorporado al fútbol moderno como recurso táctico, físico y psíquico de primera magnitud evidencia de inmediato las cualidades o las carencias técnicas del futbolista. Un jugador presionado por la urgencia de obtener cuanto antes un gol, o sometido a la permanente vigilancia de su oponente, no acierta a coordinar sus movimientos a no ser que posea recursos técnicos excepcionales.

La presión dificulta el pensamiento -"no nos dejan pensar", es la confesión de los vencidos-, atenaza la voluntad obsesionada por "soltar deprisa el balón", impide la visión total del juego porque se fija más la atención en liberarse del oponente que en la tarea de crear relaciones dinámicas que impongan el propio ritmo, y finalmente, por resumir todas las consecuencias de esta acción presionante o estresante, desvirtúa el gesto técnico desposeyéndole de toda eficacia: el balón "quema en los pies", el pase "es a lo que salga", no se emplea el regate como respuesta técnica sobresaliente, no se rompen los esquemas rutinarios que por definición son inmodificables y el tiro a puerta y más en particular el tiro a gol se reduce a la mínima expresión.

Y es precisamente bajo estas condiciones presionantes como un equipo demuestra su perfil técnico. Sin oponente que presione ningún futbolista dará la medida de sus posibilidades, porque el estrés competitivo es un examen cuyos resultados sitúan a cada jugador en el sitio que le corresponde.

Antes de seguir adelante con esta disposición, habría que preguntarse si nos importa, a futbolistas y entrenadores, insistir en el entrenamiento de los gestos técnicos, horas y horas, ejercicios más ejercicios, como fundamento y criterio indispensables de la mejora de nuestro fútbol actual. Porque si no entrenáramos concienzudamente la técnica y la diéramos por supuesta –incluso hay quien afirma que no se puede enseñar nada a un jugador profesional en este terreno-, entonces sobrarían todas las reflexiones que presentamos en este capítulo. Si en las condiciones "normales" de un entrenamiento no se ejercita la técnica, cuando el estrés aparezca en la competición, su incidencia marcará negativamente el comportamiento global del futbolista, y por lo que atañe a la realización técnica de sus gestos, la imagen que éstos ofrezcan será lamentable.

Estrés y relaciones de grupo:

Si el gesto técnico se resiente acuciado por el influjo del estrés, la cohesión que debe presidir las relaciones entre los futbolistas quedará igualmente erosionada. El sentido de la dependencia mutua pierde su referencia creativa y se convierte en llamada de auxilio, en actitud defensiva, en espera tensa hasta que el partido finalice para enterrar en el vestuario todo el agobio padecido.

Ese juego fluido, tenaz, consistente, seguro de sí mismo que define el estilo peculiar de cada equipo, permanece desdibujado, inoperante, tornadizo, sin modificar para nada su atonía. Existen, sí, las relaciones mínimas que vienen avaladas por unos mismos colores, por un deseo común de pasarse el balón en condiciones óptimas, por un esfuerzo a veces superior al habitual en la búsqueda del camino más corto hacia el gol, pero todos entendemos que son ramalazos discontinuos, disposiciones meritorias pero irrelevante, relaciones humanas y tácticas, en definitiva, infructuosas. El equipo está en el campo, pero no se aprovecha del campo para imponer su sabiduría.

Sucede, además, que en estas circunstancias, es el equipo oponente el que diseña los trazos del juego, el que lleva la iniciativa, el que impone el rito, el que desbarata las cualidades futbolísticas de un grupo humano roto en su unidad de acción táctica.

Si el establecimiento disciplinado de un esquema de juego suple, en ocasiones, las limitaciones técnicas en virtud de la fuerza organizativa que se exhibe en el campo, la ruptura de esa cohesión grupal, el desacierto en la forma de entender cómo cada uno debe relacionarse con el otro, acaba de desbaratar la valía de un equipo. Y si la palabra que expresa la progresión de los intercambios o de las relaciones entre los jugadores es comunicación –comunicación no verbal, puesto que se trata de un lenguaje gestual técnico-, la palabra que mejor le cuadra al desbaratamiento de las relaciones por fuerza del estrés competitivo es la de bloqueo.

Bloqueo significa perder la referencia espacial, la del terreno en sus dimensiones reales, no métricas, de juego. Bloqueo significa distanciarse el compañero por lo que se refiere a su posición en el campo, a su línea de pase, a su posible ayuda. Estar bloqueado quiere decir encontrarse cada uno sólo, sin sentido posicional, al margen de cualquier relación que configura el auténtico entramado táctico del equipo. Bloqueo que comienza, según las peculiaridades que manifiesta el estrés, en los distintos elementos constitutivos de la personalidad del futbolista.

Habrá bloqueos o inhibiciones primeras de la voluntad siempre y cuando la presión ejercida por el oponente logre alterar los resortes volitivos que afectan a la decisión. El futbolista indeciso, porque está presionado, se desinteresa por el juego, no asume su responsabilidad, cumple por cumplir, no consigue liberarse del malestar que le produce el hostigamiento de su oponente, no arriesga, no crea soluciones, y su estado de ánimo es más propicio a no tomar ningún tipo de decisiones, a que le olviden prácticamente sus compañeros, que a continuar en el esfuerzo por encontrarse a sí mismo. Y si el jugador no actúa, si se inhibe, ¿cómo extrañarse de que las relaciones entre los miembros del equipo estén rotas?

Si el bloqueo nace no en la voluntad sino en la mente del futbolista, porque la presión ejercida contra él afecta a su inteligencia –el famoso "el contrario no me deja pensar"-, entonces su relación con los demás jugadores del equipo se vería afectada por la no percepción de sus respectivos sitios y cometidos en el campo, por la carencia de respuestas adaptables a las vicisitudes del partido, por la incapacidad de favorecer el juego recreativo de sus compañeros, en el caso de que éstos, a su vez, no se sintieran afectados por la misma presión que a él le agobia, y por la imposibilidad de autoanalizarse –el simple "qué me pasa y por qué"-, ya que la mente no encuentra momentos de serenidad por la incidencia sobre ella del estrés competitivo.

Así podríamos multiplicar las variantes que obstaculizan los mecanismos de relación de la personalidad del futbolista en función de las alternativas o características que presentara, en cada instante, la presión competitiva. Basta esta muestra para reconocer la gravedad de sus consecuencias negativas.

Estrés y control del juego:

No nos referimos a los fallos más o menos intermitentes que cometa el futbolista presionado, nos detenemos, ahora, en el fenómeno global que afecta al control de las distintas situaciones, ofensivas y defensivas, que tienen lugar en un partido o en una competición. Es decir, que al margen de lo que suceda anecdóticamente en una fase del juego –altibajos los padecemos todos- lo que destacamos aquí es que las incidencias múltiples que configuran la competición, entrenamientos, lesiones, victorias, depresiones, euforias, dinero... escapen, por mor del estrés competitivo, a nuestro control racional. Podemos perder, pero sepamos por qué y acertemos con la respuesta inmediata. Podemos jugar por debajo del valor real de lo que somos, pero encontremos rápidamente la alternativa adecuada. Que no estemos, en una palabra, a merced de los acontecimientos.

El fútbol moderno se ha incorporado a la vida social con una hondura, no sabemos si desorbitada, pero sí impresionante. Y utilizamos la palabra impresionante que deriva del término impresión, im-presión, "presión-in", presión interna magnificada. De ahí que el futbolista que pertenece a su mundo, experimenta, además de la presión típica de la competición, el estrés nacido de su propio ambiente, esa opinión pública insaciable que lo mismo exalta que aniquila héroes en un santiamén. Un nuevo motivo, éste, que coadyuva a descontrolar el rendimiento deportivo que por encima de todo es humano.

Volvamos de nuevo a nuestra primera reflexión, a la dificultad o a la imposibilidad de retener en nuestras manos el control del juego. Y nos referimos al control de todas las situaciones, ya que damos por descontado que dominaremos algunas de ellas, pues de lo contrario tendríamos que renunciar a la competición. Incluso los equipos perdedores, abocados a los últimos lugares de la clasificación, consiguen de vez en cuando dominar los avatares del juego. Hablamos en clave de superación deportiva, de la necesidad de controlar o bien todas las situaciones estresantes, en cuyo caso ese equipo sería el campeón, o bien aquellas situaciones que por su importancia determinan el sello del campeón.

Hay quien dice, "sólo hemos perdido un partido...", pero si esa confrontación, que por su relevancia era la definitiva, no queda bajo nuestro control, lo hemos perdido todo. Es el caso de quienes no ganan una final, de quienes no logran hacerse con el puesto de titular en el equipo, de quienes durante el entrenamiento lo realizan todo bien para fallar, luego, en los partidos importantes, de quienes juegan bien mientras van ganando, pero no reaccionan cuando pierden, de quienes se vienen abajo por no acertar a prescindir de condicionamientos externos: tipo campo en malas condiciones, tipo arbitrajes desfavorables, tipo equipo oponente sorprendentemente creativo al que todo sale bien, tipo fallos propios inexplicables, tipo esquemas de juego ensayados una y mil veces y que luego no se realizan...

Así podríamos enumerar una larga lista de situaciones reales del fútbol que dan y quitan a los futbolistas y a los entrenadores las vitolas de ser los mejores.

2.3.1.3 La violencia fuera del terreno de juego

El fútbol como fenómeno humano pertenece vitalmente a su tiempo y a su espacio contemporáneos y como consecuencia de esta integración, vive asociado, igual que nosotros, con los acontecimientos que tienen lugar a su alrededor. Y se convierte, en ocasiones, y por su especial idiosincrasia, en acogedor y resonador de los sucesos violentos de los que no puede evadirse.

Sería absurdo pensar en el fútbol, como reserva y reducto social, arcadia feliz, adonde no llegarían la conflictividad, ni la competitividad que caracterizan nuestra historia cotidiana. Hablar de violencia social asociada al fútbol, es como hablar al mismo tiempo del deporte, de los hombres, de las instituciones, de la banca, de la universidad... que viven asociados a la violencia, sin que por esta razón lo que sucede dentro y fuera de los recintos deportivos pueda probarse mediante palabras o códigos semejantes.

Si la celebración de unos Juegos Olímpicos trae aparejados múltiples problemas de seguridad ciudadana, por ejemplo, no creemos que nadie atribuya a la "maldad intrínseca" del deporte la posible ruptura de la paz social. Lo que ocurre es que ningún suceso social retumba en el mundo con mayor relevancia informativa que el fútbol. Lo que acontezca dentro y fuera de los recintos deportivos tiene garantizado su conocimiento, y a veces simultáneo, en todos los rincones del mundo.

Este refrendo informativo mundial va de la mano de la preocupación con que los poderes públicos y autoridades u organismos no gubernamentales distinguen todo lo que ocurre dentro y fuera de las instalaciones y de los equipamientos deportivos. La exhaustiva documentación que nos suministran el Consejo de Europa, el Comité Olímpico Internacional, los representantes de las distintas confesiones religiosas, los organismos superiores del deporte... demuestra que todos los aspectos o valoraciones relativas del fútbol como espectáculo, competición, aprendizaje, mercantilismo, violencia, promoción, catarsis, doping, profesionalismo, ciencia, investigación, vínculo entre otros pueblos, mantenimiento y madurez psicofísica, valor informativo... constituyen un asunto prioritario que se eleva, en determinados momentos, a categoría de interés institucional. Ésta es la importancia y la servidumbre del fútbol que reclama de los expertos su vigilancia para diferenciar lo que sucede dentro y fuera de los recintos deportivos, sus conexiones o reciprocidad y sus respectivos ámbitos de independencia. Y en esta obligación nos encontramos:

- Lo que sucede sobre los campos de juego, encontraría o encuentra, de hecho y de derecho, su definición y su tipificación penal deportiva. Los jugadores violentos están sometidos como deportistas a la jurisdicción deportiva y como personas civiles a la jurisdicción ordinaria de los tribunales de justicia.

- Lo que sucede dentro de los recintos deportivos, pero fuera de los límites del terreno de juego, protagonizado por espectadores, no deportistas, queda en manos, exclusivamente, del control policial ¿Se admite el control particular de vigilantes jurados?, ¿se combinan ambos controles? ¿compartirían la vigilancia con las policías autonómicas? No somos expertos en cuestiones de seguridad y aunque personalmente podríamos opinar como aficionados o estudiosos del deporte, nos remitimos al juicio de los peritos. Importa mucho más establecer la frontera de lo que acontece dentro de los espacios específicamente deportivos, eso es deporte, y de lo que tiene lugar fuera de esos espacios, y eso no es deporte.

Hay que precisar, ahora, otra matización por lo que respecta a las vivencias detectadas más lejos aún del espacio estrictamente deportivo, lo que acontece en los aledaños de los campos de juego con motivo de alguna convocatoria deportiva. Interpretamos estos actos violentos desde tres claves o criterios: los que racionalizan la actuación de las fuerzas de orden público, los que establecen las normas arquitectónicas aplicables a la construcción de los recintos deportivos, y los que adecúan esos espacios a las expectativas despertadas por el acontecimiento deportivo.

A las fuerzas de seguridad les corresponde esa parcela de la vida pública y en el ejercicio de sus funciones les conciernen tanto los derechos como las obligaciones pertinentes a los casos en cuestión.

Por lo que toca al diseño y enclave arquitectónico urbano de los recintos deportivos, no está dicha la última palabra ni mucho menos.

Una vez más la demanda se anticipa a la oferta: se reclama más seguridad, más comodidad, mayor y mejor prestación de servicios dentro de los estadios, más rápido el acceso a esos recintos deportivos. Se acepta el fútbol como espectáculo de masas, se paga por esas horas de entrenamiento, pero se solicita que desaparezcan las antiguas estructuras.

El aficionado de hoy -más exigente será el de mañana- ya no abarrota las gradas, salvo en determinadas circunstancias, llevado ahí solo por el amor a los colores de su equipo, las llena a placer si además, o por ello solamente, si se le proporcionan nuevas ofertas de ocio bien programadas. La satisfacción plena es un antídoto eficaz contra todo tipo de alborotos.

Otra de las claves que ayudan a comprender la violencia que se origina fuera del terreno de juego, reside en el celo ejemplar -a veces descuidado-, con que los responsables de esos eventos estudian lo que puede suceder.

La rivalidad entre determinados equipos incrementa la tensión, la importancia del partido que va a jugarse despierta una pasión lógica entre los aficionados, el ropaje informativo con el que se haya cuidado esa cita deportiva da a conocer aspectos sobresalientes de unos y de otros que contribuye a poner un énfasis especial en torno a la cita deportiva. Y esas vísperas ambientales o circunstanciales tienen que despertar los desvelos de quienes se responsabilizan directamente de esos partidos:

- La llegada de autocares al estadio, la localización en el estadio de los aficionados, las puertas habilitadas para el acceso de los espectadores, la salida de esos mismos espectadores eufóricos unos, deprimidos otros... serán otros factores que habrá que cuidar especialmente. Los grados de alarma o niveles de previsión adecuados garantizarán el correcto desarrollo del acontecimiento deportivo.

- Por supuesto que vivimos en una sociedad compleja en la que estas fechas del calendario deportivo dan pie a situaciones nuevas que hace unos años no existían. Pero el comportamiento masivo alrededor de algunos sucesos deportivos es así, y ahí, en esos aledaños de los recintos deportivos no caben otro tipo de respuestas, digamos culturales o educativas, que sí tienen lugar a largo plazo y que sí hay que potenciar.

Al estudiar las causas que motivaron los desastres que están en la mente de todos, es unánime el sentir de los expertos respecto a las deficiencias de las instalaciones deportivas dentro de las cuales tuvieron lugar esos sucesos lamentables. Vallas que no ceden, techumbres incendiadas, accesos insuficientes, vomitorios que dificultan la salida, espacios destinados al público excesivamente próximos a los terrenos de juego, graderíos sin numerar que acogen a un número excesivo de espectadores... Toda una gama de despropósitos al servicio del más pequeño incidente que provoque la violencia o el pánico y que traiga como consecuencia la imposibilidad de atajarlos a tiempo, porque ese espacio localizado como foco de tensión es una trampa que engulle a todos, a los provocadores, a los inocentes y a los pacificadores. Por el contrario, cuando un recinto puede ser dispuesto, preventivamente, para la celebración pacífica de un acontecimiento deportivo, los incidentes brillan por su ausencia.

Si hablamos del binomio fútbol-violencia en términos de racionalidad y no de apasionamiento, al contrario de lo que ocurre en las gradas donde en ocasiones y en determinados sectores del público impera la pasión sobre la objetividad, preciso es reconocer que los efectos "contagio" entre personas y grupos humanos, en el contexto comunicativo que ahora nos ocupa, es de difícil precisión.

Aparentemente se tiende a identificar las causas y los efectos en el orden físico con las causas y los efectos en el orden de las relaciones humanas sean de individuo a individuo o de individuo o grupo al grupo. Y todos sabemos que no es así, porque incluso en el mundo físico, los principios de relatividad o de indeterminación, por ejemplo, cuestionan la llamada evidencia natural.

2.4. EL FÚTBOL, FENÓMENO CULTURAL

Muchas ideas se cumulan al hablar del término "cultura" y el pretender explicarlas todas, o sencillamente aplicarlas al mundo del fútbol, sentimos que nos acogemos a un reduccionismo que no nos lleva a ninguna parte.

¿El fútbol es cultura?
¿Así de presionante es la pregunta que no admite matices?

¿O no es cultura el fútbol, que así da la razón a quienes desde una perspectiva, supuestamente legítima e intelectual, menosprecia la categoría humana de este deporte?

¿El fútbol es cultura únicamente cuando los niños lo practican como un añadido al tiempo educativo de sus aprendizajes?

Reconocemos que el debate sobre el término "cultura" no ha encontrado, al menos hasta el momento, ninguna solución que satisfaga a todos los bien pensantes y que por ello mismo, por esta disensión, sus múltiples significados avalan la riqueza de sus propuestas. Dejemos, pues, abierta la puerta a las discusiones temáticas que nos enriquecen a todos y quedémonos con algunas interpretaciones que fundarán nuestra afirmación de que el fútbol sí es cultura. Cultura en sí misma y cultura como tema de inspiración a otras tantas manifestaciones culturales como, entre otras, la poesía, la pintura, el cine, el ensayo o la narrativa.

A partir de ahora proponemos dos apartados:

El primero recoge aquellos elementos que nos proporcionan diversas definiciones de cultura y que, integrados en torno a la acción humana deportiva, podrían configurar un modelo al que acogerse el fútbol como fenómeno cultural.

El segundo apartado selecciona una muestra de creaciones, aceptadas como productos culturales, que han escogido para su tratamiento el tema del fútbol.

2.4.1. Definición del fútbol como cultura

Cada una de las definiciones de cultura que presentamos aluden a las aportaciones éticas que, desde la perspectiva de los valores citaremos en la segunda parte de este libro apartado (1.2.) capítulo 1, esclarecerán este concepto:

- CULTURA como el camino que el ser humano se traza para perfeccionarse (aportación ética: **el reto de la excelencia**).

- CULTURA como el acto de crear valores (aportación ética: **el coraje**).

- CULTURA como el conjunto de expresiones que manifiestan la forma de vida característica de un grupo humano (aportación ética: **ejemplaridad**).

- CULTURA como esa realidad que permite a los seres humanos humanizarse y comprometerse éticamente (aportación ética: **responsabilidad**).

- CULTURA como medio de familiarizarnos con lo mejor que se ha dicho y hecho en el mundo (aportación ética: **sociabilidad).**

- CULTURA como sistema de formas de vivir, pensar y actuar de un grupo social amplio (aportación ética: **libertad**).

La relación de estas palabras, usadas para darnos a conocer cada una de las definiciones de cultura, y su sistematización posterior, nos permite acuñar una posible formulación del fútbol como cultura. Algo así:

> *Fútbol como cultura, sería: la expresión libre y responsable del quehacer socializador de un grupo humano deportivo, que acepta el reto audaz y ejemplarizante de ser el mejor.*

2.4.2. Creaciones culturales en torno al fútbol

Citaremos cuatro secciones o especialidades culturales, el cine, la poesía, el ensayo y la novela, para acercarnos a ese mundo estético, divulgador, crítico y apasionado, que se ha comprometido con el fútbol para revelarlo como una más de las opciones libres, humanas y humanizadoras, que nos hemos dado los seres humanos para sentirnos a gusto con nosotros mismos.

Nos limitaremos a citar esas obras sin acompañarlas de ningún aparato crítico ya que esta ocupación desbordaría nuestras pretensiones al hablar del fútbol como juego limpio. Nos bastará dejar constancia del crédito que el fútbol les merece a los creadores de tanta belleza cultural.

Presentamos este apartado en formato "Bibliográfico", se citan el autor, el título de la obra, el año de su publicación, la editorial que lo da a conocer y la ciudad que la acoge.

Fútbol y cine

¿Por qué el cine, una de las artes más populares, no ha tratado, con mayor y mejor consideración, el tema del fútbol? No acertamos a responder de una manera convincente.

Por otra parte, las televisiones públicas y privadas, se ocupan del fútbol a diario y lo ofrecen a sus televidentes de forma espectacular y son millones los que se conectan, a través de sus pantallas, con un deporte que ya ha conseguido la carta de ciudadanía universal.

¿Por qué de nuevo el cine, no aprovecha el éxito de esta aceptación mutua? Aquí dejamos abierta la pregunta a todo tipo de consideraciones y nos limitamos a citar un libro sobre el cine y el fútbol en el que de una forma amena y documentada se habla de los terrenos de juego, del banquillo, de los futbolistas titulares y de todas aquellas películas que sin estar dedicadas, por entero, al fútbol, reflejan la pasión que sus directores sienten por este deporte.

- MARAÑÓN, Carlos (2005). Fútbol y cine. Editorial Ocho y Medio. Libros de cine. Madrid. Con prólogo de Elías Querejeta y Santiago Segura.

Fútbol y poesía

Citamos tres libros en los que el lector encontrará las formas poéticas más variadas de expresar los sentimientos que suscita en el poeta la presencia, siempre cercana, del fútbol.

- ARCO, Jorge de (2001). Con el balón en juego. Editorial Hiperion. Madrid.
- GALLEGO MORELL, Antonio (1969). Literatura de tema deportivo. Editorial Prensa Española. Madrid.

- GARCÍA MONTERO, Jesús, GARCÍA SÁNCHEZ, Jesús (2012). Un balón envenenado. Editorial Visor. Madrid.

El último de los libros citados recoge las aportaciones poéticas de sesenta y dos autores, propuestos a lo largo de sus páginas, por orden alfabético. Es un libro, el número ochocientos de su colección "Visor de poesía", auténtica antología de lo que el fútbol provoca -el pasado, el presente y, a no dudar, el futuro de su historia- en el corazón de unos poetas que no ocultan sus sentimientos ante la magnitud de un hecho deportivo que no tiene parangón en el mundo.

Fútbol y ensayo

En este apartado si encontramos una muestra elocuente del pensamiento crítico que se genera a propósito del fútbol. Desde perspectivas dispares -son muy variadas las circunstancias personales que alientan todas estas opiniones- la interpretación sobre el fútbol que cada uno de los autores pone a disposición de los posibles lectores, no sólo enriquecerá su acervo cultural, sino que dotará al fútbol de una categoría humana desconocida para muchos, ignorada adrede por otros tantos y saludada, eso esperamos, por quienes no se cansan de agradecer la presencia ética de lo humano en el deporte y, en concreto, en el fútbol.

Para favorecer su consulta nos hemos limitado a presentar aquellos libros redactados o traducidos al idioma español, y apuntamos, al mismo tiempo, que existen otros ensayos preocupados también por esclarecer los fundamentos sobre los que se asienta el fútbol en todas sus categorías.

Los ensayos, no siempre fáciles de ser leídos y mucho menos comprendidos, obligan a una lectura reposada, crítica, que permita ir anotando todo aquello que, a veces en una visión rápida, se escapa a los ojos de los lectores. Estamos hablando de obras que exigen un cierto grado de concentración, digamos laboriosa, que puede perder su intensidad a medida que las páginas del libro se van sucediendo.

Estos ensayos explican en buena medida, los porqués de tantos sucesos futbolísticos, que de no ser por estos libros, caerían en el olvido.

- ANTÓN, Juan Lorenzo (2006). El "fútbol" es "asín". Editorial Grupo editorial universitario. Granada.
- BARRERO, José (2008). Periodistas deportivos contra la violencia en el fútbol, al pie de la letra. Editorial Fragua. Madrid.
- BOADA, Narcis (2015). Un mundo, un balón. La historia del fútbol mundial. T&B Editores@cinemitos.com.
- COCA, Santiago (1985). Hombres para el fútbol. Editorial Gymnos. Madrid.
- COCA, Santiago (1993). El hombre deportivo. Editorial Alianza. Madrid.
- COCA, Santiago (2004). Los entrenadores de fútbol. R.F.E.F. Madrid.
- DELIBES, Miguel (1982). El otro fútbol. Editorial Destino. Barcelona.
- DURÁN, Luis Javier (2000). El fenómeno de las jóvenes hinchadas radicales en el fútbol. Editorial Universidad Complutense. Madrid.
- FOER, Franklin (2004). El mundo en un balón. Editorial Debate. Barcelona.
- GALEANO, Eduardo (1995). El fútbol a sombra y sombra. Editorial Siglo XXI. Madrid.
- GARCIA CANDAU, Julián (1996). Épica y lírica del fútbol. Editorial Alianza. Madrid.
- GAY, Leandro (2004). Goles para la euforia. Editorial Esteban Sanz. Madrid.
- HILL, Declan (2010). Juego sucio. Fútbol y crimen organizado. Editorial Alba. Barcelona.
- KAPUSCINSKI, Ryszard (2004). La guerra del fútbol. Editorial Anagrama. Barcelona.
- KISTNER, Thomas (2015). FIFA MAFIA. Editorial Roca. Barcelona.
- KUPER, Simon (2014). Fútbol contra el enemigo. Editorial Contraediciones. Barcelona.

- MAGAZ, Ana María (2003). Una aproximación al análisis del sector del fútbol profesional. Editorial Universidad de León.
- MARÍAS, Javier (2000). Salvajes y sentimentales. Letras de Fútbol. Editorial Aguilar. Madrid
- MARTÍN, Gregorio (2004). Lo que el fútbol se llevó: Hacienda y fútbol, una asignatura pendiente. Editorial Universidad de Valencia.
- MORRIS, Desmond (1982). El deporte rey. Editorial Argos Vergara, Barcelona.
- OLIVEN, Ruben-DAMO, Arlei (2001). Fútbol y cultura. Editorial Norma. Buenos Aires.
- PERRYMAN, Mark (1999). Filosofía del fútbol, patadas y pensamientos. Editorial Edhasa. Barcelona.
- SEGUROLA, Santiago (1999). Fútbol y pasiones políticas. Editorial Debate. Madrid.
- SERNA, Justo-ALBIÑANA, Salvador (2003). El fútbol o la vida. Editorial Universidad de Valencia.
- SOLAR, Luis-REGUERA, Galder (ed. 2008). Cultura (s) del fútbol. Editorial Bassarai. Vitoria.
- TORO, Carlos del (2004). Anécdotas del fútbol. Editorial La Esfera de los libros. Madrid.
- TRIFONAS, Peter Pericles (2004). Umberto Eco y el fútbol. Editorial Gedisa. Barcelona.
- VALDANO, José (2002). El miedo escénico y otras hierbas. Aguilar. Madrid
- VÁZQUEZ MONTALBÁN, Manuel (2005). Fútbol. Una religión de un día. Editorial Debate. Barcelona.
- VERDÚ, Vicente (1980). El fútbol, mitos, ritos y símbolos. Editorial Alianza. Madrid.
- VILLORO, Juan (2006). Dios es redondo. Editorial Anagrama. Barcelona.
- VIÑAS, C. (2005). El mundo ultra, los radicales del fútbol español. Editorial Temas de hoy. Madrid.

Fútbol y novela

Es en el terreno de la narrativa donde el texto, llamado novela, cobra una especial relevancia alrededor del fútbol. De nuevo, aquí en este género en prosa, se dan cita creadores de medio mundo. Y otra vez, como en el apartado anterior, sólo citaremos libros escritos en español o traducidos a este idioma.

La novela nos acerca más fácilmente a su lectura por su carácter ameno. Es una fórmula concebida como esparcimiento que recrea sucesos futbolísticos, con el propósito de trasvasar la pasión, que suscitan, al ánimo de unos lectores ávidos de dedicar su tiempo de ocio a identificarse con personajes y situaciones ficticias recreadas con todo lujo de detalles.

Es como recrear un tercer tiempo de juego –tiempo añadido de lectura- para ser vivido según la fantasía de cada lector. Tiempo de sentir lo que pudo ser y no fue, tiempo que fue glorioso y no quiere el lector que se esfume sin más. Tiempo para inventarse jugadas, tiempo para reir o para llorar. Tiempo en el que cada lector juega a ser entrenador o jugador o árbitro o futbolista que debió efectuar el lanzamiento de aquella pena máxima fallada. Cabe de todo en esas páginas noveladas que el lector transforma a su gusto.

En alguno de los libros reseñados está presente la trama futbolística enredada entre el crimen, el misterio, la policía, los investigadores privados o las apuestas clandestinas. Un mundo criminal, que se encuentra bien instalado viviendo apasionadamente los goles, la familia, los fichajes caros, los fallos o los regates inverosímiles.

El fútbol, como el boxeo –este deporte sí ha encontrado un espacio en el cine- no cesa de inspirar a los novelistas, cuyo acierto sigue siendo comprobar cómo la aceptación, de parte del pueblo, de estos dos deportes, como un hecho cultural, tiene mucho que ver con la tensión dramática de la vida, en el caso del boxeo, o con el ritual de esa religión laica, como es el caso del fútbol.

Aunque algunos de los libros citados ya no se ven en las librerías, porque sus ediciones ya están descatalogadas, creemos que merece la pena dejar constancia de estos textos por la importancia que revisten en la memoria literaria de la cultura futbolística.

- CELA, Camilo José (1963). Once cuentos de fútbol. Editorial Almaraba. Palma de Mallorca.
- DELIBES, Miguel (2006). Viejas historias y cuentos completos. Editorial Minotauro. Palencia.
- DIOME, Fatou (2004). En un lugar del Atlántico. Editorial Lumen. Barcelona.
- ESCOBAR, Francisco (1998). El encuentro. Editorial Zócalo. Zaragoza.
- FALETTI, Georgio (2014). Tres actos y dos partes. Editorial Anagrama. Barcelona.
- FERNÁNDEZ FLORES, Wenceslao (1964). Fútbol. Obras completas. Tomo VII. Madrid.
- FLEITAS, Gonzalo (2007). El abrazo del alma. Editorial Edebé. Barcelona.
- GISTAU, David (2008). Ruido de fondo. Editorial Ediciones B. Barcelona.
- GONZÁLEZ, Manuel V. (1988). Fuera de juego. Editorial Diputación Provincial. Badajoz.
- HANDE, Peter (1979). El miedo del portero al penalty. Editorial Alfaguara. Madrid.
- KERR, Philip (2014). Mercado de invierno. Editorial RBA. Barcelona.
- LÓPEZ, Carlos E. (2003). El factor RH. Editorial Lengua de Trapo. Madrid.
- MARKARIS, Petrus (2001) Defensa cerrada. Editorial Ediciones B. Barcelona.
- MARTÍN, Andreu (2008) Hat Triek. Editorial Pearson-Alhambra. Madrid.
- MARTÍNEZ, Jesús E. (2004). Tez color de aceituna. Editorial Pearson-Alhambra. Madrid.
- NACACH, Pablo (2006). La vida en Domingo. Editorial Lengua de trapo. Madrid.

- PÉREZ, Leandro (2014). Las cuatro torres. Editorial Planeta. Barcelona.
- RODRÍGUEZ, Sergio (2014). El regate. Editorial Anagrama. Barcelona.
- RONCAGLIOLO, Santiago (2014). La pena máxima. Editorial Alfaguara. Madrid.
- VALDANO, Jorge (ed) (1995). Cuentos de fútbol. Editorial Alfaguara. Madrid.
- VÁZQUEZ MONTALBÁN, Manuel (1995). El delantero centro fue asesinado al atardecer. Editorial Planeta. Barcelona.
- VEGA, Coradino (2010). El hijo del futbolista. Editorial Caballo de Troya.

Segunda parte:

EL FÚTBOL,

acción ética

Si el título del libro nos habla de "juego limpio" y si nos referimos al fútbol como un "juego limpio", es el sustantivo "juego" el que acentúa la fuerza de esa expresión, mientras que el calificativo "limpio" no es sino un atributo que no añade ninguna característica peculiar al término juego. Porque, de verdad, ¿existiría esa actividad humana llamada juego, deporte, fútbol, si por su naturaleza no fuera limpia?

También es verdad que el uso cotidiano del lenguaje popular, Incluso científico, asoció desde hace tiempo los dos vocablos "juego y limpio" al percatarse de que no siempre las acciones lúdicas se conformaban, existían, según criterios éticos, por ejemplo, de honradez, de respeto o de justicia. Por ello y para liberar al término "juego" de connotaciones reprobables se optó por ese añadido de limpieza, de ética, que ponía a salvo, inequívocamente, el buen nombre con el que el juego se presentaba y se desarrollaba socialmente.

Así ha llegado hasta nosotros -"juego limpio, fair play"-, así preside las competiciones futbolísticas y así lo aceptamos a lo largo de estas páginas. Y cuando ahora en el capítulo 1, insistamos en el fundamento ético del fútbol, tendremos siempre presente esa categoría correcta, impecable, asociada a la palabra –digamos a su enunciado teórico- "juego" y a la puesta en acción de ese juego –digamos a su enunciado práctico- "limpio".

Tanto el fútbol –uno más de los deportes- como la ética tratan sobre las acciones humanas nacidas de un determinado esfuerzo, que a su vez está promovido por una voluntad libre y ambas propuestas, fútbol y ética, se configuran como un intento de superar las tensiones diarias que surgen entre el "si quiero" de los futbolistas, aspirantes a dar lo mejor de sí mismo y el "no lo conseguirán" de sus oponentes.

Esta oposición, que está en la base de todos los deportes –el fútbol uno de ellos- nos habla de la riqueza potencial de los actos humanos que ella genera, al tiempo que exigirá que todos ellos, desde la perspectiva de la ética, contribuyan a humanizar a los futbolistas. Pero es también, en el seno de esas tensiones, donde van a darse los conflictos éticos entre los deseos de unos y otros y los fines que se vayan consiguiendo a lo largo de la competición.

De los conflictos ya hemos hablado (Primera parte, Capítulo 2, Apartado 2.3.1.1) desde otro punto de vista, pero ahora nos encontramos de nuevo con ellos porque tanto el Fútbol como la Ética buscan siempre la novedad de "lo distinto". El Fútbol apuesta por las diferencias, puesto que son ellas las que constituyen la base de la competición. Y la Ética apuesta igualmente por las diferencias, porque de lo contrario la uniformidad daría al traste con la idea misma de naturaleza humana.

Sigue estando presente la pregunta que preside el desarrollo de este libro: ¿es el fútbol un proyecto humanizador porque en definitiva es un "juego limpio"?

Cuando la Ética interroga a los futbolistas y les manifiesta sus criterios de vida, lo hace sobre los medios para conseguir el bien hacer –como jugar limpio- y no sobre los resultados. Y a esta forma de entender el camino hacía su fin, que es la humanización de todos los seres humanos, debería acogerse el fútbol.

Capítulo 3

El futbolista, un ser humano limitado

A modo de introducción y antes de que especifiquemos por qué incorporamos la ética en el fútbol –la presentación de los aspectos éticos más relevantes del fútbol como juego limpio- conviene que situemos a los futbolistas en el área de influencia de la ética. Porque es aquí, en la definición del futbolista como ser humano, donde el problema de la ética adquiere su mayor relieve. Y más concretamente en la consideración del futbolista como ser humano limitado.

No obstante, la evidencia de las limitaciones a las que está sujeto el futbolista y los límites que se le enfrentan como oponentes primeros –el deporte siempre es oposición-, la opinión pública a veces trata el fútbol como si todo en él supiera a victoria. Qué más quisieran los futbolistas, que por otra parte se ven obligados a dar siempre soluciones inmediatas y eficientes, que alcanzar su deseo más ferviente, el de ser otro, el de ser mejor y el de expresar ante los demás que lo suyo es incorporar a su mundo una respuesta humana elocuente. Pero mientras tanto la opinión pública tiene que darse cuenta de que aquí, por dentro del fútbol, no valen las consignas voluntaristas del quiero, luego puedo.

Los futbolistas conocen, como nadie, sus desfallecimientos, ese no saber a qué atenerse frente a las opciones cambiantes que se les presentan, o ese no saber ajustar sus deseos a la realidad competitiva que se les va imponiendo por momentos.

Los futbolistas padecen, como nadie, la inseguridad, que es el producto de su escasez de recursos y que obedece a la evidencia de no sentirse nunca, ni del todo, dueños de su presente, y menos aún de su futuro. Y si hay alguna experiencia que les revele a los futbolistas su condición humana de ser limitados, es precisamente ésta.

La ignorancia es otra de las especificaciones de lo limitado entendido como límite del conocimiento, y que al mismo tiempo reduce el campo de las respuestas acertadas que revela las carencias de los futbolistas.

Al lado de estas vivencias que manifiestan todo tipo de limitaciones, existen auténticos vacíos que un entrenamiento correcto tendrá que rellenar, los futbolistas se sienten bloqueados. Y este encierro, aparentemente sin salida, supone toda una gama de sinsabores, de apreturas desde todos los lados, dentro y fuera de los recintos deportivos, de metas al parecer inalcanzables, de dificultades que les hacen sentir a los futbolistas imprecisos y al borde del ridículo. Es la ambivalencia de quienes están dispuestos a ganar pero que temen echarlo todo a perder por su indecisión o por el fallo de un segundo.

El hecho de las limitaciones común a cualquier fenómeno humano –el fútbol lo es- cohabita igualmente con la realidad, a escala mucho más reducida, del campeonismo. Los equipos se renuevan para alcanzar la perfección –un reclamo que no cesa-, y se topan de bruces con la imperfección que no renuncia a su presencia corrosiva.

Y vuelta a empezar. Los futbolistas como seres humanos no escaparán nunca de la exigencia de su puesta a punto –el entrenamiento responsable es garantía de progresión-, como tampoco de la evidencia de la imposibilidad de ganarlo todo, ni del reconocimiento de que sus posibilidades –en teoría ilimitadas- no son más que un espejismo de grandeza.

Cuando hablamos de ética y fútbol para aproximarnos al concepto de juego limpio, descubriremos algunas claves que nos ayuden a superar este enfrentamiento, el del querer y no poder. Mientras tanto aceptemos el hecho de que cualquier futbolista, como ser humano, vive su profesión sujeto a sus limitaciones y que por esto mismo necesitará de múltiples ayudas que contribuirán a mejorar lo que en él haya de insuficiente. Y en este intento volveremos a encontrarnos con el tema de la complejidad.

3.1. VIDA ÉTICA EN EL FÚTBOL

Si el futbolista es un ser limitado -lo será siempre- cabe preguntarse qué papel desempeña la Ética en la búsqueda de soluciones, que al menos amortigüen el impacto negativo de cuantas deficiencias humanas están presentes en la vida de los profesionales del fútbol.

Afirmamos, de antemano, que la Ética no es la panacea que remedie todas aquellas imperfecciones, debilidades, limitaciones o fracasos que pudieran ser descubiertos a lo largo de una competición. Podríamos, en caso contrario, descubrir a muchos futbolistas que son un dechado de valores éticos y que sin embargo no cosecharon ningún triunfo por el que fueran reconocidos por la opinión pública.

La Ética habla de valores y de actitudes ante la vida, valores y actitudes que vincularemos al fútbol, pero no habla de éxitos, ni de logros económicos, ni de goles, ni de popularidad.

La Ética, que es una teoría filosófica mediata de la acción humana, no le dice a nadie lo que tiene que hacer de modo inmediato -en nuestro caso no le dice al fútbol qué gesto tiene que realizar para ganar una competición-, pero sí, en cambio, le proporciona un modelo de reflexión, unas claves, para que se de cuenta de quién es él, de quiénes son los otros deportistas con los que él acuerda la realización de un acto deportivo y de por qué debe actuar de esa manera.

La competición deportiva cobraría así sus distinciones humanas, que le son distintivas:

- Que no tiene por qué ser perfecta -tampoco lo es la libertad-, y que prefiere, por esto mismo, la imperfección a la artificiosidad.
- Que seguirá contando con deportistas limitados, que no obstante sus limitaciones, están haciendo posible, entre todos, la superación de sus deficiencias y las del fútbol que practican.

- Que permite que sea su propio dinamismo interno, el que se origina en cada momento competitivo, el que decida la superioridad de los futbolistas y no el amaño de quien decida previamente quién va a ser el ganador.

- Que la libertad que preside la competición proporciona a los futbolistas la felicidad de saberse auténticos ellos y de saber que la competición también es auténtica, porque al actuar así, disponiendo de su libertad para romper con la rutina, experimentan la excelencia de afirmarse vitalmente.

3.2. VALORES Y ACTITUDES

Esas claves que presiden la visión ética en la vida de un futbolista y que humanizan su profesión, se identifican con los "valores" esas creencias o patrones normativos que guían y justifican el comportamiento del futbolista dentro y fuera del recinto deportivo. Y vinculados a estos "valores", reseñamos las "actitudes" que entendemos como las predisposiciones permanentes de los futbolistas a reaccionar positiva o negativamente frente a cualquier situación.

Entre unos valores y otras actitudes, el futbolista acierta o se equivoca al interpretar su mundo, mantiene vivos sus intereses por unos ideales que trascienden las situaciones para acoplarse, a renglón seguido, al hecho concreto que despierta su atención, e integra el carácter obligatorio del imperativo del deber ser con la alternativa del poder ser libre y arriesgado que le calificará como bien entrenado para establecer pautas y resultados nuevos en su vida deportiva.

La competición demanda la suma de esos valores, más esas actitudes, más la voluntad o intención de realizar el esfuerzo físico, más el hecho mismo de toda la conducta deportiva. Personalidad que se forma y personalidad que actúa, personalidad sabiamente conducida por el entrenador y personalidad responsable del futbolista en acción como término de todo el proceso de entrenamiento.

Si comer responde a una necesidad, común a todos los seres vivos, la felicidad podría ser un valor y el dinero para lograr esa felicidad constituiría el resorte para desencadenar una actitud, en este caso favorable. ¿Cuáles son los valores de un futbolista, lo que prefiere en su vida como criterio fundamental de la misma y qué actitudes adopta frente a esos valores? Preguntas éstas inexcusables que deberían actualizar los jugadores y cuyo conocimiento no debería escapar a la inteligencia del entrenador ya que son claves para entender el por qué de muchas respuestas en el fútbol.

Poseemos pocos valores alrededor de los cuales vivimos, pero en cambio son muchas las actitudes que se desarrollan en el ámbito afectivo y que nos marcan como favorables o desfavorables hacia aquellos valores. Fácil es de imaginar la variedad de actitudes afectivas que los futbolistas demuestran frente a unos valores que pueden ser comunes a un club y hacia los cuales, cada uno, encamina sus pasos. Y fácil resulta comprender el cambio necesario de actitudes que se impone a lo largo de una competición cuando estos jugadores no muestran la mínima coherencia con los ideales o valores que presiden su profesionalidad.

Un cambio positivo de actitud puede transformar a unos jugadores casi de repente. De ahí la imperiosa necesidad de mantener, afectivamente, en el equipo las actitudes compensatorias o positivas frente a los fracasos, las violencias de todo tipo, o los elementos distorsionantes de su equilibrio, de su madurez, de su firmeza en la defensa de esos valores que el club defiende como suyos.

La influencia de esta llamada "pedagogía de los valores y de las actitudes", común a cualquier esfuerzo de la enseñanza, forma parte cualificada del "entrenamiento invisible" y tiene mucho que ver con la categoría del entrenador, su talante ético y de magisterio, su capacidad para transmitir entusiasmo y convencimientos, su propia seguridad, su estabilidad emocional, su receptividad frente a las situaciones cambiantes del juego. En una palabra, el marco de los valores y de las actitudes debería representar para el entrenador una de sus preocupaciones y dedicaciones más comprometidas. Más adelante trataremos este asunto.

Un esquema de las aportaciones éticas al fútbol como juego limpio desde la perspectiva de los valores podría ser representado de esta manera:

En resumen, cuatro valores que darían sentido a la conducta ética de un futbolista: (De la Responsabilidad ya hablamos en el apartado 2.2.1. Capítulo 2. Primera parte. De la Ejemplaridad hablaremos en el Capítulo 3. Segunda parte).

- Libertad: Ética como quehacer creativo
- Coraje: Ética como actitud de valentía
- Excelencia: Ética como deseo de ser mejor
- Sociabilidad: Ética como compromiso comunitario

3.2.1. Libertad

Ser libre, como primera reflexión, para ser responsable.

Hablábamos en el (apartado 2.2.1. Capítulo 2. Primera parte del libro) de la responsabilidad como uno de esos factores humanos que hacen posible que el fútbol se desarrolle como un juego. Jugar al fútbol es una acción humana que nace de todo aquel que voluntariamente acepta las reglas de juego. Se quiere jugar así en el uso libre de la voluntad y al mismo tiempo, también libremente y los futbolistas se someten a las normas, generales y particulares, que definen este deporte.

Conforme a este código normativo e imperativo, lo hablamos como segunda reflexión, el futbolista despliega sus habilidades, su talento, sin coacción alguna, salvo la que le imponga, por la misma dinámica del juego, el equipo oponente.

Si consideramos las dos caras de nuestra propuesta, por una parte, la disciplina como acatamiento a la ley del fútbol y por otra parte la toma de decisiones que la interpreta libremente, concluiremos que en este “no vale todo para jugar bien al fútbol”, que se impone como conducta ética, ser libre no resulta fácil.

Añadamos a lo dicho, será nuestra tercera reflexión, la incertidumbre respecto al resultado de cualquier decisión libre, la ansiedad que en determinadas ocasiones anula la comprensión exacta del sentido del juego y no permite actuar tan libremente como se quisiera, el miedo a fracasar en la realización de un gesto técnico que se conforma como una auténtica atadura y tantas otras limitaciones que, no obstante la buena voluntad de los futbolistas, no les permiten ser libres del todo.

¿Se acepta siempre ser libre consintiendo de antemano todas sus consecuencias? ¿Se dejan, a veces, de tomar decisiones por motivos más o menos reconocibles o secretos? Ese factor humano, que conocemos como madurez de la personalidad ¿fortalece la libre disposición de todos los momentos más comprometidos de la competición?

No son fáciles, ni unánimes, las respuestas a estas preguntas. La libertad estará ahí, diseñada en teoría como un principio activo de la conducta humana, pero no siempre operativa ni siempre conforme a los dictados de la ética. Los sistemas de juego, los esquemas tácticos, que amparan el modo de proceder de un equipo, pueden, en ocasiones, inhibir las iniciativas de los jugadores más atrevidos. Se discute mucho, en estos casos, si prevalece la creatividad, resultado del proceder libre de un futbolista genial, sobre el concepto de sistema de juego más propio del equipo como unidad que aglutina a todos. Incluso hay entrenadores que "dejan libres de acción" por todo el terreno de juego a quienes son capaces de organizar, a su manera, lo que corresponda hacer en ese momento.

Hablar de libertad, como uno de los valores que definen la conducta ética en el fútbol, es reivindicar, al mismo tiempo, la importancia de cada futbolista, co-responsable con su equipo del desarrollo complejo del juego y responsable, él solo, de aquellas decisiones que toma en última instancia. Su libertad, en ese momento, llevaría, metafóricamente hablando, su nombre y nada más que el suyo, comprometiéndose tanto para el aplauso como para el reproche.

¿Podríamos afirmar, siguiendo el curso de estas reflexiones, que un equipo es una suma de libertades y que sólo el equilibrio entre todas ellas nos llevaría a situar al fútbol en el campo de la ética? A nuestro parecer, sí. La dificultad, sin embargo, de llevar a cabo este equilibrio, radica en que cada una de esas libertades no es análoga respecto a las demás. Cada una obedece a personalidades diversas, motivaciones diversas, compromisos diversos. Y será tarea del entrenador –una de sus ocupaciones más complejas- armonizar los intereses de todos los miembros de la plantilla, que conduzcan a tomar decisiones únicamente en beneficio del equipo.

Si siempre que hablamos de ética tenemos que aludir a "los otros", porque al margen de esta presencia de "lo social" no se justificaría ningún comportamiento ético, -lo confirmaremos en el próximo apartado 1.2.4-, es lógico concluir que la atención, de parte del entrenador, a la libertad de cada jugador, en correspondencia con la de los demás, constituirá, éticamente, uno de sus principales desafíos profesionales.

3.2.2. Coraje

Para ser libre y ser responsable, como segunda reflexión, hay que evidenciar un valor singular, a veces fuera de lo común, para elegir una acción, ésa precisamente, y no otra. Competir exige coraje y no sólo se demanda, en estas situaciones antagónicas del juego, recurrir a la técnica, la táctica o la preparación física, sino que este rasgo de la personalidad que designamos como valor, coraje, intrepidez o audacia, ocupa el primer plano de la actividad futbolística.

Si el proceder ético se encamina sólo hacia aquella decisión que pudiera ser realizada de otra manera –parar el balón en vez de regatear- el futbolista se arriesga al elegir una de las dos, o de las varias opciones, porque valora –desde su coraje- la importancia de su elección en provecho del equipo.

Son tan numerosas, a lo largo de una competición o simplemente de un partido, las fases de oposición observadas como de extrema exigencia, que es impensable definir a un buen futbolista carente del factor humano, y en consecuencia ético, del coraje. Será o no reconocida, por algún sector de los aficionados, esta realidad competitiva –situación de juego y respuesta humana- pero en medio del silencio o entre aplausos el valor en la toma de decisiones está ahí haciendo posible la realización del fútbol.

El coraje emerge en cualquiera de las categorías, edades, sexo, países, donde se asienta el fútbol. No es privativo de nadie y se exige a todos. Tiene mucho que ver con la agresividad y se opone a la violencia. Si lo definimos como decisión impetuosa, que dice mucho a favor de la valentía de ánimo, entraríamos efectivamente en el espacio de la agresividad. Y como de la agresividad ya escribimos en el (apartado 2.3, capítulo 2, parte primera), a él nos remitimos, no sin antes acentuar que estamos hablando de un compromiso que atañe a la presencia activa, triple por decirlo así, de la mente -el pensar atrevido-, del corazón -el sentir del riesgo asumido-, y del cuerpo -el moverse por entero a favor del objetivo elegido-.

La ética atiende a todo el ser humano, al futbolista en su doble versión de ser persona y de ser profesional, y lo atiende para transformarlo en algo nuevo, en una segunda naturaleza que le humanice, que le haga diferente y mejor -lo apuntaremos en el apartado siguiente-. Para este logro, la conducta corajuda será su motor indispensable.

Esa naturaleza así mejorada, sometida a continuos cambios en busca de su perfección, no alcanza ese estado como fruto de la casualidad o de aciertos esporádicos. El esfuerzo constante, sostenido en un afán indesmayable, tiene mucho que decir a este propósito.

3.2.3. Excelencia

Frecuentemente se identifica este término con la consecución de buenos resultados -resultados numéricos con los que concluye un partido-, sin embargo, y respetando esta interpretación, la excelencia contempla sobre todo la calidad de vida -vida en su sentido más amplio- de los futbolistas y del equipo.

Ser mejor frente a si mismo, oponerse a sus debilidades antes que pensar en cómo vencer al otro equipo, descubrir cuanto antes sus limitaciones para sentirse necesitado de ayuda, todas éstas son formulaciones autocríticas para conocerse y auparse sobre ellas con la intención de no estar por más tiempo sujeto a ellas.

Éticamente es un reto inexcusable optar por esta grandeza tanto en lo humano como en lo deportivo. No es suficiente el deseo de actuar de manera congruente con ese deseo aunque suponga un punto de partida necesario. Los futbolistas, quien más quien menos, reconocen y admiten esta llamada a la excelencia, pero no siempre a ponerla en práctica de forma continua. Y es en ese camino práctico donde impera el criterio y la conducta ética. En el hacer cotidiano se desvelan las ganas de ser mejor, en los entrenamientos, en los viajes, en las concentraciones, en los partidos, allí donde hay reclamos futbolísticos hay respuestas excelentes nacidas de motivaciones éticas.

Como vemos, ser ético trasciende al hecho de ser un deportista -excelente deportista entendido únicamente como profesional- y se adentra en su intimidad humana. No hay espacios reducidos a la hora de valorar el alcance de la calidad ética de esos futbolistas. Afirmación ésta que compromete el presente, cómo llevar a cabo dignamente las tareas que se estén realizando, y el futuro, entendido como un proyecto motivador que guía cualquiera de los comportamientos diarios.

Ser excelente, a pesar de todo, no es un final conseguido, es una meta a la que se aspira a lo largo de muchos años de profesión. Lo que sucede es que los aplausos y el reconocimiento público, con que se reconoce a los equipos y a los futbolistas destacados, enturbia la realidad humana, perjudica la objetividad de los juicios emitidos y califica de sobresalientes definitivos todo aquello que sólo en unos momentos mereció tal nombre. Es tan fácil el encumbramiento como el rechazo. Y a fuerza de tanto aplauso y tanta repulsa, la tensión humana y deportiva, que reclama la aspiración a la excelencia, deja paso, sin más, a una regular o incluso buena conducta deportiva.

Pero jugar bien, jugar excelentemente bien, supone desarrollar todas las capacidades de quienes compiten ahí, siempre y cuando se ajusten todos a los valores éticos que vamos enumerando y a cuantas indicaciones vayamos sugiriendo en el próximo capítulo titulado "Liberar talento". Mientras llegamos a ese capítulo, quedémonos, al menos, en el espacio humano de lo posible, sin restricciones, sin fronteras que impidan el deseo de ir más allá de lo que cada futbolista es en cada momento de su dedicación deportiva. El ser excelente no está escrito, está por ser escrito. Ahí está el futuro.

3.2.4. Sociabilidad

La ética abre su puerta a la libertad de cada persona, que por definición es singular e irrepetible, y a la comunidad de personas que estructuran una sociedad. No hay respuestas éticas a cualquier de esas dos realidades que no tuviera en consideración a la otra. De ahí, por una parte, su grandeza, su llamada a la justicia social y a la creatividad del individuo, y por otra parte, su pequeñez si no consigue solucionar, pese a sus criterios bien definidos, ese doble compromiso.

La aplicación al futbolista es evidente. Todo jugador integrado en un equipo, reclama su derecho al triunfo personal y a la vez reconoce su dependencia del grupo. Es un ir y venir del "yo al nosotros" y del "nosotros al yo" en continua participación de intereses. Pero de todas formas la primacía del equipo se impone en esta compleja asociación de derechos y de deberes. Es el equipo el que marca el acento ético dominante. No anula al futbolista, pero le compromete a dar lo mejor de sí mismo en beneficio de todos.

A este darse cada uno a los otros como equipo, lo denominamos "Sociabilidad", término que nos parece más exacto que "comunicabilidad" o "agrupamiento" o "asociacionismo", porque entendemos que la palabra "sociedad", de la que deriva nuestra expresión elegida, explica por sí misma esa referencia ética que no permite el individualismo.

Parece obvio que, tratándose de un deporte en equipo, no tuviéramos que insistir en esta dimensión ética de la sociabilidad, pero sin embargo, en el día a día de la competición futbolística, no siempre prevalece la importancia del equipo. Comúnmente se identifica ética con sociabilidad, tal vez por la resonancia política de estos dos términos, pero según hemos propuesto, desde el comienzo de este (apartado 1.2.), hay que tener en cuenta los seis perfiles que configuran el concepto de la ética para entender el alcance de nuestras propuestas.

Tendremos ocasión, a lo largo del próximo capítulo "Liberar talento", de insistir sobre la prioridad de esta actitud y de esta decisión socializadoras que, no obstante, no pierden de vista la presencia de los esfuerzos individuales. Y cómo conjugar este conflicto permanente entre las opciones personalizadas y las grupales será una de las tareas principales del entrenador.

La actitud con que cada futbolista somete su particular modo de ser a los requerimientos del equipo, definirá su capacidad creativa –y aquí también ética- en este acertar "perderse en los otros" para encontrarse mejor y más eficiente. Más aún, tendrá que convencerse, por madurez humana, de que también "los nuestros" son, a veces, fronteras, aparentemente infranqueables, que será preciso superar éticamente, porque nada se le debe porque sí. Esta superación nos lleva a resaltar el carácter humanizador de este proceso que supone la integración de cada futbolista a su equipo, viéndolo como una suma de entregas personales –el qué, el por qué, el cómo, el dónde y el cuándo se entrega cada uno a los demás-, que tolera y asimila las diferencias entre todos.

Capítulo 4

Liberar talento

El término liberar ya nos indica, en ete pensar sobre la ética y el fútbol, un proceso de apertura hacia algo distinto de lo que en su momento existía de otra manera. El talento sale de su penumbra, de su ostracismo o de su escasa vitalidad y se abre a otra realidad superior, más activo, más comprometido con su mundo y más reconocible como factor ético en el desarrollo del fútbol.

Hablar de talento no es quedarse a solas en el campo de la inteligencia, aunque pudiéramos hacerlo con toda propiedad. Preferimos ampliar su radio de acción y extenderlo a todas las capacidades que configuren el potencial del jugador de fútbol. Talento, vendría a ser en definitiva, todo aquello que está latente y es digno de emerger y desarrollarse hasta cambiar por completo a cualquier persona dotada de un determinado número de capacidades. En nuestro caso -hablamos de fútbol-, el esfuerzo y la sabiduría del entrenador se orientarían a descubrir y recrear todo lo que queda dar de sí cada futbolista, en clave de excelencia.

Se libera talento, frecuentemente, para obtener cuanto antes resultados numéricos -los resultados del triunfo- sin tener en cuenta la paciencia pedagógica que apunta a plazos menos inmediatos. Es admisible pensar así puesto que la exigencia competitiva urge satisfacer el hoy del partido, pero cuando se trata de elaborar los procesos de liberación de talento en las primeras edades, en esas etapas de la iniciación de los niños en este deporte, la paciencia tiene que ser una de las condiciones inexcusables para llevar a buen puerto este proceso liberador de talento. Lo veremos más detalladamente en el (apartado 4.2.1. de este capítulo 4).

Por otra parte, la liberación de talento no se reduce, con intención finalista, al hecho concreto de jugar bien al fútbol, sino que extiende sus consecuencias positivas más allá de ese campo deportivo ¿Llamamos a estas consecuencias y provechos vitales? No cabe duda de que así es. Se es futbolista durante un período relativamente corto de vida, se enferma mientras se vive, se es o no ético siempre.

¿Qué nos interesaría liberar de este talento? En términos generales –hablaremos más delante de todo esto desde otra perspectiva- proponemos cuatro asuntos o preocupaciones que el entrenador tendrá que resolver a lo largo de su tarea.

Urge, ante todo, que cada jugador caiga en la cuenta del espacio que ocupa. Espacio entendido como la realidad de su cuerpo –qué es y cómo responde en medio de las distintas situaciones de la competición-, espacio entendido como la suma de los espacios de los demás –compañeros y oponente-, y espacio o mundo donde cada uno se mueve al margen de la competición -las circunstancias de la vida- por decirlo en términos generales. Expresaríamos todas estas ideas como tener sentido de la realidad ya que sin este conocimiento nadie podría responsabilizarse éticamente de sus comportamientos.

En segundo lugar, se liberarían las vivencias emocionales del futbolista de todas aquellas adherencias negativas que le presionan de tal manera que apenas le permiten sentirse seguro de sí mismo. La euforia o el abatimiento desmedidos, por ejemplo, coartan la manifestación libre de todo talento posible y someten a los jugadores a múltiples tensiones y altibajos. También hablaremos más adelante del deseado equilibrio que tanto favorece las decisiones eficientes.

Casi sin darnos cuenta estamos sugiriendo otra de las preocupaciones del entrenador –la tercera en nuestro caso- a la hora de liberar talento. Enseñar a pensar. A investigar, en definitiva, sobre todos los acontecimientos que configuran la competición futbolística.

Entendemos el pensar como una suma de actividades complejas nacidas gracias a este motor humano que es la inteligencia y diversificadas en campos complementarios como son la atención, la asimilación de los sucesos que van aconteciendo, su selección según la importancia que se les otorgue, la elaboración de los datos elegidos, la puesta en acción de todo este proceso y por último, la valoración de cuanto se haya considerado hasta ese momento.

Finalmente, liberar talento se relaciona con la toma acertada de decisiones. No hay inmovilismos en ninguna de las fases de este largo camino que conduce desde la reflexión, punto de partida, hasta la decisión o decisiones que justifican el pasado y el presente del trabajo de cualquier entrenador responsable. A la búsqueda de esa segunda naturaleza de los futbolistas –sus capacidades traducidas en hechos concretos eficientes- el entrenamiento orienta y regula sus planes a la consecución de las mejores respuestas. Los jugadores son lo que hacen y para conseguir éticamente la excelencia es preciso contar con todos los recursos de un talento liberado.

4.1. EQUILIBRIO: EL FÚTBOL BIEN DIRIGIDO

¿Liberar talento incluye equilibrar todas las posibles respuestas técnicas y humanas de los futbolistas?

Supuesta esta armonización vital ¿hay que dar por confirmado el talante ético de todos los que conforman la plantilla del equipo?

Y admitidas –es una hipótesis- las soluciones afirmativas a las preguntas anteriormente expuestas, ¿afirmaríamos que en la vida de un futbolista ya no existiría el desorden y que todo en su profesión, dentro y fuera de los campos de juego, estaría ordenado, ajustado a sus propósitos, a su preparación y a sus decisiones?

Respondemos brevemente, luego matizaremos, cada una de estas respuestas.

- No hay equilibrio definitivo ni total
- El proceder ético se confirma y se desmiente en cada acción deportiva
- El orden y el desorden conviven no obstante su antagonismo

Dirigir un equipo –dirigirlo bien- no es una tarea sin altibajos, como tampoco lo es el quehacer ético. La estabilidad, la simetría, la consistencia, son términos asociados al de equilibrio, por lo que respecta a su definición lingüística, pero en la práctica cotidiana del fútbol resulta imposible conseguir esa identificación de forma permanente. Diremos que dirigir un equipo equilibrada y continuamente así, es un deseo a cuya realización contribuyen todos los esfuerzos. Esforzarse por lograrlo y mantenerse esforzadamente de esta manera compromete éticamente a todos.

Si es el caminar apropiado, la clave del acierto en todo este pensamiento ¿podríamos distinguir, diferenciar, algunos de esos pasos que permitieran esclarecer lo que entendemos por equilibrio? Esperamos que sí.

Estar equilibrado no consiste en quedarse a medio camino o fijar su posición en el centro de no sabemos qué espacio, o permanecer indiferente ante lo que vaya sucediendo como si a nadie le afectaran ni los éxitos ni los fracasos.

→ Entendemos el equilibrio como una compensación entre las capacidades que anidan en cada uno y esperan salir de ese letargo –lo veremos al hablar de la iniciación de los niños al fútbol-, y las realidades en que se han convertido aquellas capacidades dormidas.

→ Entendemos el equilibrio como una compensación entre las limitaciones que coartan la manifestación eficiente de las decisiones de un futbolista y los éxitos que consiguen esas decisiones.

→ Entendemos el equilibrio como una compensación entre la fortaleza de las llamadas líneas fuertes de un equipo y las líneas débiles.

→ Entendemos el equilibrio como una compensación acertada entre el potencial que un equipo, un jugador, evidencian en un entrenamiento, y el potencial que desarrollan en un partido.

→ Entendemos el equilibrio como una compensación entre el orden y el desorden que se hacen presentes, siempre, en la vida de los futbolistas y del equipo.

¿Por qué tantas definiciones del término equilibrio? Para evitar su posible identificación –ya lo hemos insinuado- con la ausencia posible del dinamismo que debe presidir cualquier toma de decisiones en el fútbol. Existen, sí, frustraciones, fracasos, debilidades, desórdenes, a lo largo de una temporada, pero estos resultados no demuestran necesariamente falta de actitud positiva, o comportamiento rácano. También los resultados negativos pueden acercarse a un planteamiento acertadamente equilibrado.

Cuesta mucho tiempo y mucho trabajo ir consiguiendo objetivos equilibrados ¿Durante todo un partido, equilibradas todas las acciones? ¿Y durante una temporada? ¿Y a lo largo de toda su vida garantizada la conducta equilibrada de cada jugador? Como reto, como ilusión, como suma de esfuerzos, sí. Como consecución plena, no. Afirmamos lo mismo al tratar de la ética. Al definirla como el proceso de humanización de cada persona, de cada futbolista, estamos situándola en el camino de la aspiración por lograrla.

Todas las variables que intervienen en el fútbol están comprometidas en este proceder equilibradamente: el balón, los jugadores, el campo de juego, el equipo oponente, las sesiones de entrenamiento, los viajes, las concentraciones, los sistemas de juego. ¿Y qué significa este trabajo sino sacar partido de lo que se tiene, tendiendo equilibradamente a que los inconvenientes no desequilibren lo que se va haciendo? ¿Y no estamos también, ahora, hablando de liberar talento? ¿Liberándolo a pesar de las reticencias que se oponen a esa vida deportiva que va naciendo?

Si centramos nuestras reflexiones sobre la incidencia del equilibrio en la conducta del futbolista, enumeraríamos las exigencias siguientes:

- Equilibrio interior que contempla lo que acontece compensado, por dentro y por fuera, en la vida de un futbolista. Mirándose a sí mismo, cómo entiende cada futbolista ese estar equilibrado. Diríamos lo mismo de un entrenador o de cualquier de los técnicos que forman parte de la dirección de un equipo.

- Equilibrio externo que advierte ese estado posible de compensación entre cada jugador con el resto de sus compañeros, con su entrenador y con ese mundo humano, no específicamente deportivo, que se relaciona constantemente con él, por ejemplo: su familia, los aficionados, los informadores deportivos.

Podríamos establecer, a estas alturas de nuestras reflexiones, la siguiente correlación de ideas en torno a la justificación del fútbol como juego limpio:

- Esforzarse por estar equilibrado
- Esforzarse por liberar talento
- Esforzarse por dirigir bien al equipo
- Esforzarse por humanizar el fútbol como juego
- Esforzarse por mostrarse ético

La conexión es evidente, porque si la ética marca los objetivos a los que debe orientarse la vida del futbolista –aquí tenemos presentes la introducción a la segunda parte del libro (El fútbol, acción ética)- es imposible renunciar a dirigir acertadamente un equipo, a liberar talento o a mantener al equipo equilibrado.

Regresamos ahora a la consideración sobre el tema del futbolista equilibrado que busca, en esa compensación, los criterios más ponderados que le guíen a definir su conducta ética. Son cuatro, a nuestro entender, estos criterios que clasificamos en relación con otros conceptos que heredamos de la psicología:

- Sentirse a gusto. Corresponde al campo de la afectividad.
- Pensar según términos de totalidad. Corresponde al campo de la inteligencia creadora.
- Definirse como afirmación de sí mismo. Corresponde al campo de la voluntad.
- Integrarse conforme a la primacía del equipo. Corresponde al campo de la sociabilidad.

De esta manera contemplamos al futbolista como individuo, como persona en singular, en su quehacer libremente comprometido y responsable y como miembro de un grupo deportivo que no le anula pero que le condiciona en beneficio de todos.

Con esta descripción de competencias estamos diseñando un tipo de futbolista que obedece al modelo teórico que cualquier entrenador propondría para sus jugadores. Más adelante, durante el desarrollo del juego, esos perfiles se difuminan y, salvo excepciones, en cada futbolista prevalece uno de aquellos cuatro criterios señalados anteriormente.

Admitidas estas prioridades buscamos no obstante, la comprensión mas detallada de esos criterios.

Sentirse a gusto.

Sentirse así sin estar sometido a ese postulado morboso que defiende que jugar lleva implícita la exigencia dramática del tener que ganar por encima de cualquier posibilidad. Sentirse a gusto sin perder de vista la dimensión humana del futbolista que acepta esforzarse, experimentar sí la tensión competitiva, pero que rehuye jugar coaccionado emocionalmente. Sentirse a gusto multiplica las ganas de seguir jugando. Sentirse a gusto forma parte de la visión ética de la vida que rechaza ver a las personas como víctimas de sistemas y situaciones deshumanizadoras. ¿Acaso no pretende el esfuerzo por liberar talento el proporcionar al deportista su tiempo de juego gratificante?

La estabilidad emocional permite al futbolista superar sus contradicciones porque se reconoce conforme y contento consigo mismo.

Pensar según términos de totalidad

La complejidad que asociamos al fútbol (Capítulo 1, Primera parte), tan prolífica de incertidumbres y de interconexiones requiere un trabajo minucioso para solucionar sus múltiples interrogantes. Y ante todo una inteligencia que conciba el juego del fútbol como una puesta en acción simultánea e integradora de todas las posibilidades de un equipo.

Esta consideración globalizadora de lo que el fútbol representa en cada momento reclama de esa inteligencia sus aportaciones más valiosas, como son su capacidad de concentración, su visión asociativa de la dinámica del juego, su decisión selectiva de las diversas opciones que haya que tomar en períodos mínimos de tiempo o su disposición no interrumpida a seguir pensando.

La liberación de talento –talento, lo diremos siempre, como conjunto de aptitudes, no solo intelectuales-, encuentra aquí, en este apartado el campo de la inteligencia, una de sus oportunidades más gratificantes. Enseñar a pensar, un entrenador a sus jugadores, es cumplir con una de las tareas humanizadoras de la ética.

Decidirse como afirmación de si mismo.

El fútbol como cualquier otro deporte en grupo es acción, es movimiento integrado es, como primer requisito, decisión que se desea oportuna. Decidirse ya confirma la voluntad competitiva del futbolista y decidirse eficientemente avala su calidad técnica. Ambas decisiones fundamentan la seguridad de quienes las toman y contribuyen a que la imagen que cada uno tiene de si mismo se ajuste a su deseo de perfección o de excelencia.

Sin este darse el sí a sí mismo, en que consiste la afirmación continua de fiarse uno de sí mismo, resultaría imposible el fútbol como juego. Aun a costa de posibles errores, la toma, sin miedo, de todo tipo de decisiones justifica la categoría humana del fútbol sometido, por otra parte, a los vaivenes del tiempo y del fracaso. Una cosa es que el error no se perdone, por algún grupo de aficionados, para quienes únicamente vale la victoria, y otra cosa es que se debería tener en cuenta el valor por tomar esas decisiones aunque no finalizaran en el éxito apetecido.

Si somos lo que hacemos, el futbolista se muestra ante todos como una persona responsable cada vez que interviene en el juego. Esta responsabilidad asumida, en su hacer deportivo, con todas sus consecuencias, es una acción ética.

Liberar talento para facilitar la forma oportuna de decisiones, es otra de las manifestaciones más ejemplarizantes que se desprenderían de esa tarea.

Integrarse conforme a la primacía del grupo

Integrarse en el equipo es la tarea prioritaria con la que se enfrenta cualquier entrenador. Y si conseguir estar cada uno equilibrado, mirándose a sí mismo, es un desafío permanente que nunca, de forma definitiva, se consigue llevar a buen término, el equilibrio entre todos incrementa el índice de dificultad hasta extremos preocupantes.

Hay que dejar una parte de sí mismo en beneficio del equipo y hay que aceptar, recíprocamente, lo que el equipo le ofrece a cada uno. ¿En qué proporción? Esta donación mutua no es mensurable en términos matemáticos, depende de muchos factores, como la generosidad de unos y de otros, la rotación de titulares y suplentes, los sistemas de juego empleados, la capacidad de sacrificio, la motivación que alienta el compromiso de quien se entrega sin pedir nada a cambio.

Muy variados son los porqués que impulsan a cada futbolista a transformar su dimensión humana, individualista, en sociable o integradora y consecuentemente equilibrada. Pero el término de esos porqués es irrenunciable, es preciso olvidar la referencia al "yo" personal y polarizar todos los esfuerzos como si únicamente existiera el "nosotros".

Una nueva afirmación de cómo comportarse éticamente, cuando el futbolista se muestra solidario, compatible, participativo con todos. Este sentido de equipo culmina la propuesta de los cuatro criterios que permiten el equilibrio del futbolista considerado como ser humano y como profesional de este juego que llamamos fútbol.

4.2. DE LA INICIACIÓN AL FÚTBOL A LA MADUREZ PROFESIONAL

Éste es el tiempo que marca el comienzo de la liberación de talento. Los años del magisterio -el entrenador, educador, docente, pedagogo- y del aprendizaje -el niño y el joven alumnos, aprendices- durante los cuales unos y otros construyen un proyecto de vida, humano y deportivo, que permita a todos dar lo mejor de sí mismos.

Son años señalados por el afán ético de ir creando esa segunda naturaleza, esa nueva forma de ser más humana propia de aquellos procesos educativos que desde el respeto a la libertad de esos aspirantes a ser futbolistas ejemplares -qué niño no lo desea-, van recreando sus posibilidades hasta convertirlas en una realidad convincente.

¿En qué consiste ese proyecto de vida al que hemos aludido? Dicho brevemente, en una experiencia, en una oportunidad y en una decisión, todas ellas orientadas hacia dos objetivos: hacia dentro de cada uno de los aprendices con la intención de su perfeccionamiento como personas y hacia fuera de cada uno de ellos, es decir, a la búsqueda de los otros para aprender a relacionarse con ellos como una de las exigencias éticas mas urgentes que se le presenta a los seres humanos.

Proyecto de vida como experiencia cotidiana que reconoce lo que a cada uno le va sucediendo mientras se dedica al fútbol porque importa el cómo y el por qué va construyéndose su personalidad, delante de los otros, de sus compañeros y de sus oponentes.

Proyecto de vida como oportunidad que se ofrece para aprovechar el tiempo presente de la iniciación al fútbol y sentirse persona de otra manera, sentirse a gusto con ganas de aprender comprobando otro tipo de opciones imposibles de verlas realizadas en otros espacios de su vida.

Proyecto de vida como decisión, como suma de respuestas libres autónomas y al mismo tiempo solidarias, que los aprendices del fútbol tendrán que tomar en circunstancias competitivas más o menos exigentes. Los niños y los jóvenes, de esta manera, salen al encuentro de su mundo al que ofrecen respuestas, ojalá creativas, pero siempre distintas, solidarias, respetuosas, comprometidas. ¿No estamos hablando de ética sin nombrarla?

Sin llegar aún a comprender toda la complejidad del fútbol, esos futbolistas primerizos, a quienes se les hace corto el tiempo de juego, descubren sus limitaciones -por qué les cuesta tanto aprender un determinado gesto técnico o entenderse con sus companeros sin duda alguna-, se dan cuenta de lo difícil que es jugar bien al fútbol, aprender a implicarse en los momentos más comprometidos de un partido y sobre todo intentan ofrecer soluciones a las sucesivas alternativas que presenta el fútbol.

Son muchas las oportunidades que se brindan en estos primeros años de la iniciación al fútbol para que el talento se haga notar sin restricciones, siempre y cuando, en estas etapas, que deberían ser las de la paciencia educativa, desapareciera la presión por obtener resultados numéricos -el campeonismo absurdo- y se consolidara el compromiso ético de hacer bien todo lo que se hiciera.

4.2.1. La complejidad del proceso evolutivo

Si estamos hablando de liberar talento, y de que el equilibrio en un supuesto sobre el que se asienta una acertada dirección de equipos y de que estos dos objetivos comienzan a estructurarse a partir de los años de la iniciación al fútbol, tendremos que proponer, ahora, cuántos y cuáles son los contenidos que definen el trabajo del entrenador a lo largo de estas etapas.

Y cómo no, de nuevo a escena, la complejidad en el fútbol.

Dirigir a los niños y a los jóvenes en estas edades, supone aceptar, en primer lugar, las dificultades que entraña conocerlos dada la complejidad de sus conductas y los continuos cambios a los que se ven sometidos durante estos años.

Desde que nace un ser humano su vida se desarrolla en múltiples direcciones, físicas, fisiológicas, psíquicas, culturales y a medida que pasan los años ese desarrollo progresivo origina muchos y variados modos de ser y de actuar.

A todo este cúmulo de cambios que experimenta cada niño, los expertos le denominan proceso de desarrollo o proceso evolutivo, y a todos los elementos internos y externos que lo provocan les llaman dinamismo de ese proceso. Palabras técnicas y científicas que revelan un mundo humano de extraordinaria riqueza y que a nosotros, por lo que respecta al asunto de la dirección de equipos, nos lleva a las siguientes consideraciones:

- Este dinamismo que preside el desarrollo de la vida de los futbolistas infantiles y juveniles tiene que coincidir, para que obtenga los resultados humanos y técnicos deseados, con un dinamismo igual en la dirección del equipo en el que esos futbolistas están integrados. Tan dinámicas deben ser las respuestas del entrenador como dinámicos son los problemas que plantean sus jugadores.

- Como el dinamismo que se revela en los jóvenes futbolistas afecta a toda su manera de ser, ya lo hemos dicho, también las respuestas, de parte de todos los técnicos, médicos, preparadores físicos..., deben ser dinámicas. Los niños recaban la atención de sus técnicos a quienes solicitan respuestas adecuadas. Será en última instancia el director del equipo, el entrenador, quien decida qué soluciones han de tomarse en cada caso y tendrá que ofrecer a sus jóvenes futbolistas la oportunidad de reflexionar, matizar y asimilar todo este torrente de vida que está en juego.

Esta incertidumbre, que forma parte de los procesos de madurez del ser humano, obligará a los entrenadores, en su calidad de directores de equipo, a considerar muy de cerca estos procesos tan cambiantes. Los niños y los jóvenes no aprenderán, como quien dice de una vez por todas, las lecciones que sus entrenadores les impartan, ni mantendrán, de forma continuada, su concentración, ni sabrán, en muchas ocasiones, a qué se deben sus cambios de humor o de ganas de seguir jugando al fútbol.

Una vez más recordamos que la paciencia, en estas edades, forma parte de su talante educativo, y que el diálogo o la comunicación es pieza fundamental en las relaciones con todos los jugadores, y que el razonamiento o la explicación de lo que se manda será inexcusable a lo largo de su tarea.

La selección de datos, tomados día a día, y que nacen muchos de ellos de la espontaneidad con la que se muestran esos jugadores en las primeras edades, irá tomando cuerpo en la experiencia directiva de los entrenadores y les otorgará firmeza a la hora de tomar decisiones.

En primer lugar, debería el entrenador estar permanentemente abierto a todos los posibles cambios que se efectúen en su entorno. Conocer, sin alterarse, todo ese tipo de reacciones, y permanecer a la escucha de ese dinamismo infantil y juvenil del que tantos resultados buenos cabe esperar.

En segundo lugar, le corresponde al entrenador mostrarse comprensivo con todos los cambios que observe a su alrededor, actitud ésta que no significa que consienta o aplauda todo lo que está viendo.

En tercer lugar, tendrá que actuar como una persona, antes que como director de equipo, dispuesta a responder a las preguntas requerimientos, dudas, inseguridades, que con ocasión de todos los cambios, que surjan, puedan dirigirles sus jugadores. Dar la callada por respuesta, lejos de solucionar los conflictos los agravará aún más. Los niños, que preguntan insistentemente y que se fían de sus maestros, no entenderán que el responsable de su equipo no les ofrezca soluciones a cuantos problemas se planteen.

En cuarto lugar, se verá obligado a diferenciar las respuestas puesto que todos sus jugadores experimenta vivencias distintas, y para acertar en su dirección tendrá que especificar cada una de las soluciones –hablamos en términos humanos-, para que a su vez cada uno de sus jugadores se de cuenta de que su entrenador ha captado el problema que se le expone. La respuesta general, sin matices, evidencia la superficialidad con que el entrenador trata las dificultades. Y si algo aprecian estos futbolistas jóvenes es que su entrenador los dirige como si solo existieran ellos.

En quinto lugar, como muestra de que percibe acertadamente lo que a cada jugador le acontece, deberá el entrenador darse cuenta del mundo amplísimo de relaciones humanas que se establece entre sus jugadores:

- Estar al tanto de estas redes de sentimientos mutuos, de esta interrelación, que se crea en el seno de los grupos humanos y deportivos, es una buena muestra de que los entrenadores entienden los acontecimientos que se dan cita en lo más íntimo de la personalidad de cada uno.
- Potenciar estas mutuas relaciones sin que por ello sufra merma alguna la potencialidad del equipo será muestra, también, del conocimiento exacto que un director de equipo debe evidenciar en su trabajo de todos los días.

Si el entrenador consigue que sus jugadores confíen en él, como persona y como director del equipo, habrá ganado una baza importante de este proceso educativo que a él le compete.

Los futbolistas infantiles y juveniles, en edades de aprendizaje y de consolidación de lo aprendido, no son sujetos pasivos a los que se les impongan, por la fuerza de la autoridad, unos modo teóricos de comportarse en el fútbol. Son sujetos pasivos, sí, porque son receptivos y con ganas de aprender, pero son sujetos activos, también, dotados de una personalidad creadora que es necesario respetar y estimular. Un director de equipo no tiene por qué recelar de la capacidad de iniciativa de sus jugadores por aquello de que pudiera poner en tela de juicio su prestigio. Cuanto más inteligentes, más creativos, más responsables, fueran sus jugadores, más fácil le resultará dirigirlos.

4.2.2. La detección de talentos futbolísticos

Hemos repetido que las etapas, que corresponden al desarrollo evolutivo de la personalidad de los futbolistas, se mueven según criterios eminentemente educativos. Y todo lo que allí veíamos caía bajo ese prisma de la dirección de equipos, preocupada por el afianzamiento de los valores humanos y técnicos de unos niños y de unos jóvenes que buscaban su formación ante todo. Hasta las exigencias competitivas más apremiantes rendían tributo a esta valoración de lo educativo.

Pero la pregunta surge en el momento en que alguien, o algunos, de esos jugadores en formación sobresale de tal manera que su futuro en el profesionalismo empieza a estar cantado. ¿Cabe una dedicación especial encaminada, dirección atenta y específica, a ese o a esos talentos futbolísticos?, es más ¿se justifica la búsqueda de esos talentos mediante una tarea directiva especial??

Las preguntas anteriormente propuestas amplían el panorama de la dedicación al mundo de los niños y de los jóvenes, puesto que además del concepto educativo, propio de la iniciación al fútbol, se admitiría el concepto del seguimiento y promoción de los mejores.

De todas formas, y cualquier que sea la preocupación que les motive a los niños a integrarse al fútbol, jugar, competir, divertirse, ganar dinero, ser famosos, entrenarse lo más posible, será irrenunciable el criterio ético que presida la orientación de esos deseos, como irrenunciable es el derecho que ampara a esos niños a ser enseñados, lo mejor posible, a lo largo de todas sus etapas de desarrollo.

La búsqueda de talentos futbolísticos, nunca legitimará –no justificará el lema del todo vale para que se emprendiera con esos niños que destacan- experimentos encaminados a la pronta y artificial puesta en marcha de unas ciertas dotes futbolísticas que dejarán que desear desde el respeto humano que se les debe.

De ahí que toda dirección de los equipos de los mejores tendría que manifestarse tan respetuosa, tan científica, tan profesional, como lo hemos subrayado anteriormente, al hablar de los aspectos genéricos de la iniciación al fútbol.

Con carácter general, expondremos la naturaleza de cuatro etapas, que entendemos resumen las principales características de este proceso de búsqueda de talentos:

- Una primera etapa de observación sobre futbolistas y grupos numerosos.
- Una segunda etapa de preselección acerca de quienes despunten dentro de los grupos observados
- Una tercera etapa de verificación de los datos obtenidos
- Una cuarta etapa de formalización de protocolos de trabajo sobre los futbolistas escogidos

No todas esas etapas revestirán la misma importancia porque ni los niños responderán de la misma manera, aun siendo tratados por los mismos especialistas, ni estos especialistas, por muy afamados que sean, se vincularán como sería de desear a esta tarea de la detección de talentos, ni todos los lugares donde se lleve a cabo esta selección estarán dotados de los mismos recursos técnicos y humanos.

Estamos hablando de un asunto complejo, de un asunto del que muchos hablan y a cuya mejora todos desean contribuir -¿quién no quiere educar para lo mejor, y contar con los mejores en su empresa, en su fábrica, en sus negocios, en su familia, en la universidad...?-, pero al que difícilmente se aportan soluciones concretas y sobre todo válidas.

El proceso de esta búsqueda resulta muy caro, si lo valoramos en términos económicos, muy delicado, si lo explicamos desde una perspectiva de comportamientos éticos, y muy complejo, si como es deseable lo llevamos hasta sus últimas consecuencias.

La búsqueda de talentos prosigue su proceso de selección a lo largo de todos los años. Es decir que quienes actúan con estos grupos de los mejores no se contentan con una primera aproximación, una primera criba, a unos cuantos niños que en su momento demostraron cualidades óptimas. El proceso de selección obliga a todos, todos los días, y el tanto por ciento de quienes llegan finalmente a la cúspide es muy pequeño. La selección, que escala posiciones desde la base de la pirámide, alcanza en su punto más alto unos resultados, tal vez, y subrayamos lo de tal vez, nada satisfactorios para quienes invirtieron tantos cuidaos, tanto dinero, en esta empresa.

Por eso, al hablar de la búsqueda de los talentos, hay que estar dispuestos a matizar mucho y a exigir mucho. En teoría está clara la intención que preside este proceso selectivo, es apasionante, y hasta rentable su ejecución, al menos como declaración de principios. Pero a medida que pasa el tiempo el cúmulo de dificultades que se hace presente puede dar al traste con todos los buenos propósitos.

4.2.2.1. La etapa de la observación

Requiere esta etapa un grupo de observadores cualificados que a las órdenes de un director responsable de esa búsqueda, mantengan una presencia activa, durante cierto tiempo, allí donde los niños juegan al fútbol:

- Hablamos de especialistas –no de ojeadores sin formación alguna-, que sepan en cada momento distinguir técnicamente los aspectos que en el niño sean objeto de búsqueda –sus cualidades humanas y futbolísticas-, y que presten su atención con una cierta continuidad, para evitar sorpresas que para bien o para mal certificarán o anularán el valor real de esos niños.
- Hablamos de una presencia activa entendida como tarea que cuenta con el conocimiento de todos aquellos factores que repercuten en la actividad futbolística de los niños: su familia, su centro escolar, sus amigos, sus proyectos. No son unos niños, en abstracto, los que se someten a la observación de unos técnicos, sino unos niños en medio de unas condiciones de vida concretas que luego habrá que analizar en detalle.
- Y si hablamos de especialistas, estamos incorporando ya, en el desarrollo de esta tarea, conceptos que nos llevan al campo de los compromisos profesionales –pagados o no, ésta es otra cuestión-, y que habrá que compensar debidamente.

Es ridículo diseñar un trabajo encaminado a la formación de futuros profesionales del fútbol, verdaderos talentos, sobre la base de la contribución no profesionalizada de un equipo de aficionados al fútbol.

Estamos hablando de una empresa que asume muchos riesgos, que se vincula a la formación humana y técnica de unos niños más o menos geniales, y que configura toda su aportación laboral pensando en un futuro más bien lejano que próximo. Que todo este edificio, o parte al menos de su estructura, quedara en manos de unos observadores, ayudantes de buena voluntad sí, pero escasos de formación y sin garantías de compromiso profesional, sería como reconocer desde un principio, un quiero y no puedo.

Los observadores, desde el momento en que fijan su atención en un grupo de niños o en un niño singular, están arriesgando, en primer lugar, su punto de vista, su juicio personal, su manera peculiar de entender el fútbol, su subjetividad, y en segundo lugar su visto bueno o su rechazo a la incorporación de unos niños a las etapas siguientes de este proceso selectivo de talentos.

Pensemos en ese momento en el que se afirma que un niño vale o no vale para seguir adelante dentro del grupo de los mejores, como resultado de una observación. ¿No habrá que exigir que ese punto de partida esté contrastado al máximo de las posibilidades humanas, admitiendo como es lógico los índices de error que se dan cita en todos los procesos de esta índole?

Si cada niño es un mundo, si cada niño despierta a la vida y por supuesto también al fútbol en momentos no determinados y no iguales a los tiempos de otros niños, si cada niño se inicia en ese mundo del futbol conforme a sus peculiaridades físicas y psíquicas, si cada niño merece la pena ser observado, él solo, en profundidad, ¿cómo no exigir que la preparación de los que se dedican a la observación de los mejores sea también la mejor?

De nuevo estamos comprometidos con el juego limpio, entendido como justificación ética de los medios que conducen a un resultado.

4.2.2.2 La etapa de la preselección

Llegará un momento en que los datos recogidos por el grupo de expertos, a través de sus observaciones, permitan fijar grupos aparte o jugadores preseleccionados. A partir de entonces, esos futbolistas requerirán atenciones especiales que gradualmente irán conduciéndolos a los niveles superiores de una competición más exigente.

Al margen de los aspectos médicos, técnicos o físicos, cuya definición corre a cargo de los especialistas en estas materias, apuntaremos aquí algunos datos, que por entender se relacionan directamente con la tarea de dirigir a un equipo, deberían ser tomados en especial consideración:

- La capacidad que esos niños revelen por integrarse en el esfuerzo común del equipo.
- Las ganas de aprender que manifiesten día tras día. No nos olvidemos de la recomendación, que sugeríamos en párrafos anteriores, de hacer un seguimiento continuo del trabajo de esos niños, para poder opinar, luego, con conocimiento de causa.
- La generosidad en ese esfuerzo integrador y de aprendizaje que rompe con el hecho del mero cumplimiento y expresa una casi vocación por la práctica del fútbol.
- El sentirse a gusto, como sentimiento que se extiende a todas las facetas del fútbol, desde la satisfacción por encontrarse apoyado por todos sus compañeros, a la alegría por jugar y entrenarse, a la aceptación de las sugerencias y órdenes del entrenador, o a la necesidad que siente de ser cada vez mejor futbolista.
- La valentía en la toma de decisiones personales en medio de las distintas facetas de los entrenamientos y de los partidos, que muestra la madurez propia de un talento del juego que no se arredra en esa difícil coyuntura de tener que decidir por sí mismo.

Este catálogo de cualidades no invalida la toma de otras muestras consideradas oportunas por los observadores de estos grupos y de estos niños. Aquí nos referimos a esas cinco características, que para nosotros revelan no sólo un presente asentado en el sentido verdadero del juego futbolístico, sino que apuntalan para el futuro esa serie de decisiones que serán clave, en su dedicación profesional. Bastaría recordar la plasmación del fútbol en nuestros días –cómo lo interpretan los profesionales-, para darnos cuenta de que esa selección de notas características, están revelando, por sí mismas, la selección de los talentos que buscamos.

4.2.2.3. La etapa de la verificación

Para evitar, en lo posible, la provisionalidad de los resultados obtenidos mediante la observación y la preselección, será preciso contrastar todas las informaciones almacenadas, y someterlas luego a un último cotejo.

Habrá pasado un tiempo entre las primeras referencias que se hayan obtenido de esos niños y una nueva toma de datos, más acorde con el tiempo presente de la etapa que el niño esté viviendo.

Tampoco será definitiva esta comprobación, a tenor de lo que venimos diciendo sobre la evolución continua de los niños en estos años. Pero supone otro peldaño seguro sobre el que asentar los esfuerzos progresivos de los técnicos en su búsqueda de talentos.

Cada una de las etapas que van conformando el proceso de la búsqueda de talentos futbolísticos, retiene su propia información, que unas veces consolidará las informaciones anteriores y otras las perfeccionará o las sustituirá. Cambios, a veces, profundos en la redacción provisional de las anotaciones respecto a la calidad futbolística observada y que se imponen al mismo ritmo con el que esos cambios se hacen patentes en el proceso evolutivo de los niños. Cambian ellos, cambian los datos que se contrastan permanentemente en un intento, de parte de los técnicos, de ser lo más objetivos posible.

Esta fase, que llamamos de la verificación, puede confundir, a veces, puesto que obliga a valorar de nuevo los datos obtenidos, y a poner en tela de juicio, al menos provisional, la validez de los métodos empleados. Obligarse, cada uno, a examinar su propio trabajo como si lo que se hizo hasta entonces no estuviera bien hecho, es sembrar la duda y anular los resultados de las etapas anteriores:

- Pero no se trata de dudar permanentemente sobre uno mismo, sino de someterse a un análisis más severo, pensando que de los resultados de esa verificación saldrán siempre ganando los niños.
- La verificación no es más que una faceta del trabajo de investigación que realizan los observadores de cualquier fenómeno humano. Es más, sin esta labor de contraste, no serían fiables los datos seleccionados de una primera aproximación a los grupos deportivos en los que estuvieran trabajando los niños.

Si, como suponemos, el trabajo de los observadores se realiza en equipo, acompañados por otros técnicos, la verificación de los resultados que se obtengan alcanzará mayor grado de fiabilidad. Y de esto se trata, que cuando se firme el visto bueno sobre la calidad futbolística de unos niños, a las edades que sean, esa rúbrica avale con plena garantía el juicio que sobre ellos se está emitiendo.

4.2.2.4. *La etapa de la formalización*

Una vez seleccionados los jugadores infantiles y juveniles, que hayan merecido la atención pormenorizada de los especialistas en estas tareas, se procederá a su encuadramiento en grupo de trabajo específico.

Y si fueron las ciencias aplicadas al fútbol las que auxiliaron a los técnicos en el difícil compromiso de elegir a los mejores, de nuevo tendrán que intervenir en la elaboración de los planes de futuro. La Medicina, la Psicología, la Metodología, la Biomecánica, las Ciencias del Entrenamiento deportivo, son saberes que tienen mucho que decir en la consolidación de la categoría humana y técnica de los talentos futbolísticos.

Y a propósito de esta etapa de formalización del trabajo al que deben entregarse los niños, una vez seleccionados, digamos que la afirmación más o menos popular, de que de la cantidad nace la calidad, no tiene ningún fundamento:

- No basta con que una entidad deportiva maneje varios centenares, o incluso miles de niños, para que se garantice la consolidación de una cantera rentable de buenos futbolistas. Ese club tendrá, evidentemente, de donde escoger, y podrá con mayor conocimiento de causa, aplicar los recursos necesarios a ese elevado número de aspirantes a ser los mejores futbolistas. Pero el simple dato numérico de la abundancia no avala ni un trabajo bien hecho ni el fichaje posterior de futbolistas geniales.

- No hay que tener miedo a que la ciencia se comprometa con el fútbol desde las edades más tempranas, y habrá que decidirse a invertir dinero en ciencia aplicada al fútbol.

- Ninguna de las especialidades científicas que hasta el momento se hayan aplicado al fútbol le han perjudicado. Pero podrían haberle beneficiado mucho más si se hubiera roto, de una vez por todas, con los prejuicios que aún hoy rodean a ese binomio ciencia y fútbol.

El entrenador se convierte así en un testigo excepcional de las transformaciones que se van operando en la vida de esos jugadores. Aspectos positivos, tan relevantes en la vida del niño, como son su capacidad de sacrificio o de integración con todos, su constancia, su intensidad en la entrega, su atención, su valentía a la hora de tomar decisiones, o los aspectos negativos, también destacables en su vida, como pudieran ser sus distracciones, sus egoísmos, sus miedos, sus inconstancia e indecisiones, moldean un campo adecuado donde realizar todo tipo de acciones transformadoras, que serán las que en definitiva vayan certificando la categoría del talento puesto en práctica.

Se evidencia que la detección de talentos es compatible con el fútbol -juego limpio, juego ético- ya que la calidad deportiva de los mejores va siempre de la mano de la calidad humana.

4.2.3. El paso al fútbol profesional

Es innegable que el éxito de la detección de talentos abastece la oferta de jugadores profesionales al mundo del fútbol encuadrado en la máxima competición.

Pero una vez confirmada esta afirmación surgen las preguntas, nunca contestadas afirmativamente el todo: ¿Todos los nuevos profesionales demostrarán la misma categoría humana y deportiva, no obstante haberse integrado ya en ese grupo de los elegidos?

¿Todos los nuevos profesionales a partir de ahora comprometidos con la más existente tensión competitiva, confirmarán en su reciente circunstancia futbolística, las expectativas que sobre ellos se depositaron?

Supuestamente liberado su talento para esta ocasión ¿se quedará estancada aquí su capacidad de mejora? ¿Insistirán estos profesionales en acrecentar su esfuerzo para ser aún mejores?

¿El criterio de "liberar talento" se ha orientado, en las etapas previas a la profesionalidad de los jóvenes, a que sean competidores natos antes de que sean competentes aprendices antes que maestros, autocríticos antes que complacientes, creativos antes que rutinarios?

¿Ha prevalecido el principio ético, no excluyente, de que ser profesional obliga a ofrecer en cada momento lo mejor de sí mismo?

Acertar con el futuro de todas estas cuestiones es imposible, porque aunque calificáramos de ejemplar el proceso de liberación del talento en las etapas de iniciación al fútbol, es tan diferente ese otro fútbol al que se asoman los jóvenes, son tantas las variables que modifican el mismo vivir en ese otro mundo, que nadie, salvo las excepciones que nunca faltan, podrá acertar en sus pronósticos.

¿Sobran, entonces, los trabajos concienzudos, las energías desplegadas, sin escatimar esfuerzos, los afanes perseverantes por dotar a los aspirantes al fútbol profesional de la madurez humana y técnica necesaria? No sobra nada de cuantos métodos y contenidos se hayan aplicado correctamente en este proceso. La incertidumbre que preside el desarrollo de la vida humana y el desarrollo del fútbol como un juego no permite la certeza –la probabilidad si-, de un pronóstico con garantía indudable.

El crédito, el aval de lo bien hecho, reside en el proceso excelentemente realizado antes del paso al mundo profesional. Un proceso que tiene mucho de aventura de riesgo calculado, en la que las dudas se ven compensadas por el pensamiento y la puesta en práctica de un sistema científico y docente apropiado. Sobre esta base sobre la que se fundamenta las distintas etapas de la detección y liberación de talentos y que constituyen un presente continuo, se va perfilando un futuro que se desea el ideal. No es el todo de la perfección, pero es todo lo perfecto a lo que se puede aspirar, que es casi todo.

Nos queda una cuestión para cerrar este apartado. ¿Es compleja la preparación que garantice el paso acertado al fútbol profesional? Sí, como todo lo que ocurre alrededor del fútbol que es ante todo un fenómeno humano. Y es compleja porque si busca ser eficaz tiene que hacer viable esta reflexión:

- Los mejores y lo mejor para los mejores
- O lo que es lo mismo: no es posible garantizar la preparación de los mejores, que quieran desembarcar en el fútbol de los profesionales, si no se encomienda a los mejores especialistas dotados, a su vez, de los mejores medios.

Es preciso, por lo tanto, atreverse a invertir en calidad docente, técnica y científica en especialistas, en dinero y en instalaciones. Aunque prescindiéramos –no es más que una hipótesis- de la dimensión humana que debe cobijar todos los procesos selectivos de formación y atendiéramos únicamente, con carácter finalista, a la obtención de un producto futbolístico, deberíamos reconocer que sólo de la calidad del trabajo nace la calidad del resultado.

A modo de test o de cuenta de resultados al final del tiempo de iniciación al fútbol, configuraríamos este catálogo de cualidades que entendemos son imprescindibles para entrar con garantía en la máxima competición:

- Deseo de mejora. No creer que se ha conseguido alcanzar lo mejor de sí mismo de forma permanente. Convencidos de esta limitación, los nuevos profesionales aceptan el reto de la excelencia que no admite descansos. Se sienten necesitados de prepararse y de darse al máximo nivel de sus capacidades.

- Libertad responsable. Se asume ser responsable de todas las acciones emprendidas sin acudir, en los malos momentos, a las excusas que diluyen en la nada los efectos de las decisiones erróneas. Es una manera, el ser responsable, de mostrar la madurez humana y deportiva de estar comprometido con la nueva exigencia competitiva.

- Sentido del riesgo. Es difícil competir en el nuevo escenario donde se juegan múltiples intereses, no todos del agrado del joven profesional. Aceptar ese calendario de partidos, viajes, concentraciones, críticas, influencias en el banquillos, traspasos, lesiones, no resulta tarea fácil. Y mucho menos tomar decisiones que en una décima de segundo modifican un resultado. No sucumbir a ese vértigo de la competición es otra prueba de madurez contrastada.

- Estabilidad emocional. En medio de tantas solicitudes por ser el mejor, por ser responsable, por actuar con valentía, sería normal que esos profesionales, aún no curtidos, en ese escenario, se sintieran desequilibrados emocionalmente hablando, sometidos como están a presiones antes desconocidas. Admitiendo, por supuesto, que en unos determinados momentos, las emociones negativas se apoderaran de la capacidad serena en la toma de decisiones, el perfil emocional de esos jugadores debería apuntar a un control sereno de ese tipo de experiencias afectivas.

- Trabajo en equipo. Es una de las características que deberían marcar la categoría de un jugador desde los inicios de su incorporación al fútbol. Es lógico, por lo tanto, que incorporándose a su nueva responsabilidad, se tenga asumido como concepto básico del juego el trabajo en equipo.

- Auto-conocerse. Se deduce de todo lo dicho anteriormente, que el paso al fútbol profesional requiere del propio jugador un conocimiento, lo más pormenorizado posible, de lo que es él, de lo que puede hacer y de lo que él mismo espera de sí. Luego, su nueva vida deportiva le irá descubriendo limitaciones, aciertos, incógnitas, sobre su conducta, pero al menos y como punto de partida, habrá pensado muchas veces sobre lo que él es capaz de llevar a cabo. Y este someterse a una autocrítica rigurosa habrá conformado una buena parte de su personalidad.

Hemos diseñado una aproximación a un nuevo tipo de futbolista bisoño que pretende aunar, en torno a lo mejor de sí mismo -concepto ético- la realización más original del juego -concepto estético-. En esta asociación de ideas y de realizaciones descubrimos un hilo conductor que las relaciona. Es el esfuerzo. Y sin él todo lo anteriormente vivido en las etapas de la iniciación al fútbol se diluirá muy pronto.

Capítulo 5

La categoría ética del entrenador

Al entrenador le corresponde la tarea de liberar el talento de cuantos estás subordinados a su dirección. Liberar talento –venimos diciéndolo en distintas fases de este libro- equivale a humanizar la forma de ser de los jugadores y del equipo. Y esta doble perspectiva desde la que comprometerse con la dirección de un equipo, la liberación del talento y la humanización de la conducta, contribuye a que el entrenador fije adecuadamente su proceder ético. No podrá evadirse de estas dos opciones desde las que contemplar su profesión y serán precisamente estos dos puntos de vista a los que se acogerá el entrenador para sentirse a gusto y confiado en su rol de líder, de maestro y de organizador, según confirmaremos en los próximos apartados.

Estar a gusto. Acabamos de citar ese estado de ánimo –el estar a gusto- que identificamos con el "estar de acuerdo consigo mismo", porque entendemos que es una señal inequívoca de que el entrenador justifica éticamente su trabajo independientemente de los resultados numéricos que obtuviera su equipo. Esta complacencia con el trabajo emprendido tiene mucho que ver con el coraje (Apartado 3.2.2. Capítulo 3. Segunda parte) con que el entrenador, en este apartado de ahora, acomete su responsabilidad, de la misma manera que el futbolista lo hacía en su profesión y del que hablábamos en ese apartado que acabamos de citar.

Al sentirse profesional y vocacionalmente motivado, el entrenador encara la competición satisfecho de su trabajo. Encontrar a diario un cúmulo de razones que avalan esa tarea, es motivo más que suficiente para descubrirse a gusto. Y demostrar que sus propuestas son acertadas, que no están tomadas al azar y que responden a las necesidades concretas de cada partido, llena de sentido ético los contenidos de cuanto se vaya haciendo.

Por el contrario, aferrarse a los éxitos en un alarde de autocomplacencia, que no tiene límites, no significa otra cosa que exhibir un alto grado de vanidad que a nada ético conduce. Si se paraliza la actividad inteligente y decisoria, si no se aviene uno, de buen grado, a la autocrítica que le salve de ese falso egoísmo, si no se acierta en prestar una nueva efusión de energía liberadora, se está a gusto, posiblemente, durante unos momentos de felicidad legítima, pero ese breve tiempo no será suficiente para llenar de valor ético la profesión de los entrenadores.

Qué duda cabe de que un entrenador, que se reconoce buscador continuo de su propia mejora y la de sus jugadores se sentirá muy a gusto consigo mismo.

Como contrapunto a lo dicho anteriormente destacamos el malestar de quien no está conforme con su quehacer cotidiano. Este disgusto atrofia cualquier ilusión y distancia a los entrenadores de su bien hacer por aquello de que ya todo carece de sentido.

Estar a disgusto es un texto fiable de incompetencia que evidencia, entre otros efectos negativos:

- Desmoronamiento de la tensión competitiva que trae consigo claudicar del deseo de excelencia, propio de cualquier planteamiento ético.
- Pérdida de la intensidad mental y volitiva que desquicia la generosidad en la entrega al compromiso futbolístico, sin la cual resulta imposible definir en qué consiste la dimensión ética del fútbol.
- Dedicación rutinaria al juego que contradice el reconocimiento de la iniciativa creativa que lleva aparejada la conducta ética.
- Renuncia al éxito al no descubrir ya ningún recurso motivador que aliente el afán de mejora.

Sentirse a gusto no es una cuestión menor, es un anhelo de felicidad que convierte el esfuerzo por lograrla en una tarea digna, que a su vez anuncia estados de ánimo tan favorecedores de una conducta ética como la confianza, la seguridad.

Respeto. Si hemos partido del supuesto de que el fútbol es juego limpio y nos encontramos reflexionando sobre la categoría ética del entrenador, una de las valoraciones indispensables para justificar estos enunciados es la del respeto que debe mostrar el entrenador hacia las reglas del juego, hacia los árbitros y hacia sus jugadores.

El respeto a las reglas de juego, representa, ante todo, un marco legal de actuación que no restringe la creatividad de los futbolistas sino que, al contrario, la posibilita. Los profesionales del fútbol se pliegan voluntariamente a los dictados de las reglas del juego, para engrandecerlas con su puesta en práctica. Si es ético querer lo mejor y quererlo de la mejor manera posible, ético tendrá que ser conformar todas esas conductas según la letra y el espíritu de las reglas que hacen posible el fútbol.

El entrenador, intérprete de las reglas del fútbol como una de sus primeras responsabilidades, deberá sacar de ellas el máximo rendimiento para su beneficio y el del equipo. No se trata de un nuevo servilismo, nacido de la pasividad de quien no puede hacer otra cosa, sino del convencimiento de que cuanto mejor sepan interpretar esas reglas, más acertadamente imprimirán a su juego el sello de una decisión acertada.

Ética y técnicamente, el respeto a las reglas de juego se impone como un deber, como una ayuda, como una prerrogativa, como un logro y será determinante tanto para el desarrollo de la preparación del equipo como para la posibilidad de unos resultados satisfactorios.

El respeto a los árbitros, nace de la afirmación de que los árbitros posibilitan el fútbol, de que los árbitros no son los enemigos del fútbol –están dentro de él y su compromiso no tiene por qué ser menor que el de los entrenadores y futbolistas- y de que los árbitros desean triunfar en su cometido con la misma intensidad, al menos, con que todos, jugadores y entrenadores, también lo quieren.

A los entrenadores les cabe el compromiso de analizar la tarea compleja del árbitro sin partir de posiciones de fuerza. Así como el árbitro no puede asegurar que su intención de realizar un buen arbitraje cristalice siempre en su consecución atinada, así tampoco el entrenador podrá certificar que su juicio sobre la interpretación del reglamento se ajusta más a la realidad que el veredicto de los árbitros.

Esta actitud ética, que relativiza la apropiación de la verdad absoluta, facilitará en grado sumo la comprensión y la aceptación de las decisiones arbitrales. Ni unos ni otros son perfectos, ni unos ni otros deberían ignorarse, ni unos ni otros tendrán por qué actuar a la defensiva. El entrenador debería acercarse -aproximación ética- a lo más profundo del sentir de un árbitro, que, presionado por múltiples instancias, experimenta la incomprensión y el insulto de los que no comprenden lo que significa juzgar a los demás.

El entrenador y el árbitro son los garantes del fútbol como juego limpio desde la perspectiva de quien respeta la ley deportiva que hace posible este deporte. Acogerse a la ley es garantía de sentirse protegido para desarrollar todas las posibilidades de acción exacta.

El respeto a sus jugadores, como preludio a este respeto o condición indispensable para que no se identifique con una nueva fórmula de urbanidad, es preciso que le anteceda un profundo conocimiento de todos sus jugadores, qué son, cómo son, de qué manera se integran con el resto de sus compañeros, hasta dónde alcanza su compromiso en beneficio de todos, cuáles son los sentimientos respecto al club al que pertenecen.

Ser entrenador significará ante todo ser conocedor, aprovechador y conductor de hombres, afirmaciones que no revelan una esclavitud, como si los jugadores fueran mercancía de quita y pon en manos de unos técnicos, que buscaran únicamente su provecho, sino una realidad, incuestionable ya, que si el entrenador se mantiene distante de sus hombres, o los desconoce, o no dialoga con ellos, o no acierta a dirigirlos, o no cuenta con sus aportaciones y sugerencias, jamás conseguirá el éxito deseado.

Si hay mimbres para hacer un cesto -hombres para un equipo-, pero falla el artesano, de nada valdrán los elementos humanos que existirán dispersos y sin la cohesión necesaria para que cuaje el equipo.

Cuando se lleva a cabo el análisis de resultados tanto positivos como negativos que consigue un equipo, rara vez se contempla esa dimensión humana que caracteriza a un entrenador y que es causa principal de los éxitos y de los fracasos de una temporada.

Figura poco el entrenador como dirigente de hombres en las valoraciones que los críticos asignan a las tareas de un equipo. Se habla de sistemas adecuados, de juego defensivo o de juego ofensivo, de escasa preparación física, de trabajo con la cantera, de fichajes que no dieron resultado, pero apenas de cómo se trató –en el sentido pleno de la palabra-, a los jugadores. Y fijar sin ambigüedades esta relación entrenador-futbolistas es una de las prioridades que deberíamos tener presente a la hora de mejorar nuestro fútbol.

Ya sabemos que es otra obligación la que echamos encima de los entrenadores al pedirles que se ocupen así de los jugadores pero no creemos que sea ajena, ni mucho menos, al conjunto de sus otros deberes, al revés, los fundamenta y los potencia. Lo que podemos pensar –y desde luego lo justificamos-, es que exista una marcada disociación entre unos y otros. Todos están comprometidos en el mismo trabajo y entre todos tienen que sacarlo adelante.

Por eso el respecto a sus jugadores del que estamos hablando forma parte de la profesión de cualquier técnico responsable y debería constituir punto de reflexión obligada cuando alguien optara a ser entrenador: en qué medida –cómo-, se interesa por todos los que le rodean. Si la respuesta a esta pregunta no arrojara un balance positivo, sería mejor –para bien de todos-, que esa persona desistiera de ser entrenador.

Conocer y respetar a sus jugadores no es una mera curiosidad sobre sus vidas o sobre las vidas de quienes trabajan en equipo al lado del entrenador, es una necesidad de aprender de ellos, de apoyarse en ellos y de ayudarles a triunfar.

5.1. EL ENTRENADOR, LÍDER

La función polifacética que demuestra el entrenador dirigiendo a su equipo, compromete también, desde varias instancias, su categoría ética, una de esas funciones que se relaciona con su liderazgo.

¿Cómo definiríamos los contenidos de esta relación?:

- En primer lugar, acercándonos al entrenador despojado de su perfil técnico y enjuiciado como ser humano.
- En segundo lugar, valorando las dos facetas de esa personalidad que mejor le caracterizan: cómo sentirse humano y cómo mostrarse humano.
- En tercer lugar, definiendo lo que significa el liderazgo, propiamente dicho, del entrenador.

5.1.1. Sentirse humano.

Tarda mucho en hacerse un entrenador -no es flor de un día-, pero no es tiempo perdido esta tardanza, porque la madurez, la plenitud, el estar en sazón, el ser por entero entrenador de fútbol, está jalonado de muchas idas y venidas, de muchos experimentos que cuajaron o que resultaron baldíos, de muchos éxitos que le llevaron a ser el mejor de aquella temporada y de los fracasos que acentuaron su no ser tan bueno del todo. Es la historia de siempre, la de subir y la del bajar del pedestal al que lo mismo encaraman que derriban quienes únicamente evaluarán los resultados finales espectaculares como medida de todas las conductas.

De ahí que bajo este lema de sentirse humano del entrenador colocaremos por encima de otras consideraciones, sus actitudes peculiares más que logros, sus convicciones más que sus pesadumbres, sus métodos de trabajo más que sus declaraciones. En resumen, su forma de ser auténtica, alejada de aplausos y silbidos. Es su bagaje profesional -no dispone de otro-, mediante el cual encara el acontecer cotidiano de una tarea, que siempre se le presentará en forma de reto.

Así se le aparecerá el fútbol, como un problema que exige soluciones del presente, que no sabe esperar, que se impacienta si las soluciones no resultan tan pertinentes, y que incluso podría acarrearle su destitución en el caso de que sus planteamientos no convencieran a los máximos responsables del club.

Se encuentra el fútbol tan inmerso en su mundo de pasiones y de intereses económicos, que el ser del entrenador no está libre de las presiones sociales que sobre él ser ejercen desde todo tipo de instancias. Ésta será otra de las servidumbres que pesará sobre el quehacer de los entrenadores, y con la que ellos cuentan desde el momento en que asumen su responsabilidad como directores de equipo.

Antes que profesional es humano. Antes que líder es humano.

Cabría identificar la dimensión humana del entrenador con el reconocimiento de sus limitaciones, reflexión que nos retrotraería al (Capítulo 3 de la Segunda Parte: El futbolista, un ser humano limitado) donde apuntábamos la raíz sobre la que se asienta una de las partes más sensibles del ser humano cual es la de su debilidad innata, sujeta a múltiples fallos y desfallecimientos.

Y ahora preguntamos ¿siendo limitado el entrenador puede asumir la tarea compleja de hacerse cargo de un equipo? Dependerá el sí o el no de qué tipo de limitaciones hablamos. Y esta respuesta estará supeditada, a su vez, de los conocimientos –el saber integral humano-profesional- sobre el que también se asienta ese entrenador. Conocimientos que suponemos serán amplios y profundos, algo así como un saber de todo que garantizaría, al menos, un máximo de aciertos y un mínimo de errores.

Al decir esto reconocemos que se persigue un imposible –nadie alcanza el saber total de las cosas-, pero interpretamos esta afirmación "saber de todo" como un estímulo para no abandonar el deseo, y la necesidad, de conocer, lo más ampliamente posible, el vasto mundo del fútbol.

Este "saber de todo" no reduce la curiosidad al conocimiento de aquellas parcelas reconocidas como específicas del fútbol, sino que extiende su legítima ambición a todas aquellas especificaciones científicas o tecnológicas que tengan algo que decirse al fútbol. La biomecánica, por ejemplo, la psicología, la nutrición, la fisiología del esfuerzo, el diseño de los materiales, son muestras, entre otras que podríamos citar, de lo que el mundo de las ideas sería capaz de incorporar a la mejora del fútbol.

Pero no le estamos comprometiendo directamente al entrenador a que sepa de todo eso que acabamos de enumerar. Nadie podría, en su sano juicio, solicitar un conocimiento global de esta clase. Le estamos diciendo al entrenador que todos esos saberes hacen posible el engrandecimiento del fútbol, y que, por lo tanto, el fútbol como deporte y como organización, y como empresa, y como espectáculo que es, demanda que se sepa todo de todo aquello que redunde en su beneficio. Que luego sea el entrenador -en este supuesto un imposible-, o un equipo de técnicos -en este supuesto si es posible-, quienes "sepan de todo", es otro planteamiento.

De todas formas, al entrenador se le debe exigir:

- En primer lugar, que sepa que existen muchas posibilidades de mejora, si da cabida en sus proyectos al mundo de la ciencia.
- En segundo lugar, que sepa asomarse personalmente, y hasta dónde pueda intelectualmente, a ese mundo científico del que tanto podría aprender.
- En tercer lugar, que sepa rodearse de aquellos especialistas, cuyas prestaciones tanto beneficiarían al equipo.
- En cuarto lugar, que ese querer saber de todo le acompañe siempre, porque al ignorar mucho más de lo que sabe, quedarse ahí en la ignorancia, no dice nada en su favor.

A fin de cuentas, y es lo que importa en este desafío del conocer, conseguir, saber un poco más que el día anterior, sería confirmar que se sigue aspirando, cada uno a su manera, "a saber de todo".

Y este deseo de mejora, de superación, de crear constantemente una segunda naturaleza humana, autoriza a que sigamos hablando de la categoría ética del entrenador.

5.1.2. Mostrarse humano.

La otra cara del trabajo del entrenador, la otra actitud, es la exteriorización de su personalidad. Esa apertura hacia los otros se afianza en dos pilares fundamentales que, a su vez, se funden en la confianza mutua que debe presidir las relaciones establecidas entre entrenador y jugadores.

Esos dos fundamentos son los siguientes:

- En el trabajo común, el entrenador se fía de los jugadores y les otorga, digámoslo así, un margen, lo más amplio posible, donde realizar sus compromisos técnicos desde la propia iniciativa y sobre la base de la libertad que no se discute. De ahí a la creatividad estamos, como quien dice, a un paso.
- Y en ese mismo clima de confianza, el jugador le concederá a su entrenador la disciplina más auténtica, su deseo de aceptar los planes tácticos, técnicos... del entrenamiento que se dicten, con objeto de realizar ese trabajo, que es su aprendizaje en las mejores condiciones posibles tanto humanas como técnicas.

De esta forma, los entrenadores a lo largo de la competición contrastan su dimensión humana y su personalidad deportiva, y de este intercambio nacen los resultados que conocemos, enfrentamientos, colaboración sin fisuras, altibajos en sus relaciones, recelos mutuos, ganas de superar las dificultades trabajando en equipo.

Y es esta exteriorización, o conducta manifestada, de los entrenadores, su carta permanente de presentación, su examen cotidiano que los acredita. No hablamos de resultados positivos o negativos que los acompañen, sino de su trabajo continuo como seres humanos.

Hemos hablado de un contexto de libertad, iniciativa y creatividad que nace del entrenador y va dirigido a los jugadores. Es ese mínimo de garantías que todo jugador reclama del hombre o de los hombres que los dirigen. Ahora bien, supuesto este clima que preside estas relaciones humanas-deportivas, ¿qué es lo que exige el entrenador a sus jugadores?

- Respuestas eficientes
- Respuestas que se atreven con el triunfo
- Respuestas capaces de tolerar el fracaso
- Respuestas que contribuyan al asentamiento de la personalidad.

Aquí quedan resumidas las reacciones más cualificadas de los jugadores, si las consideramos en su vinculación más directa tanto con sus entrenadores como con la competición de la que uso y otros forman parte. Expliquémonos:

- **Respuestas acertadas**: si los jugadores cuentan con la confianza de sus entrenadores, que es el supuesto en que nos movemos, están obligados, deportivamente hablando, a ofrecer respuestas válidas, eficientes al máximo, que respondan a un concepto serio de responsabilidad.

- **El jugador está comprometido** con la posibilidad, al menos, de ofrecer lo mejor de sí mismo. No siempre conseguirá esa eficacia -también juegan los otros-, pero siempre le será pedido el esfuerzo para obtenerla. A ese tipo de eficacia nos referimos, es decir, a una respuesta que huya de todo encogimiento, de toda reticencia, de todo carácter mediocre. Eficacia que, por otra parte, irá en consonancia con las cualidades de cada uno, en proporción con lo que cada uno puede ofrecer.

- **Respuestas que se atreven con el triunfo**: no todos los jugadores que compiten se atreven a ser campeones, no todos están dispuestos a esforzarse por mantenerse en la cabeza de una competición, no todos están capacitados para cargar con la responsabilidad de la victoria mantenida. Saber ganar cuesta, a veces, más que saber perder, y habrá quien prefiera pasar inadvertido y no exponerse a que el resto de los competidores se les opongan en cada partido de manera especial.

- **Respuestas capaces de tolerar el fracaso**: tampoco todos los jugadores que compiten asumen los fracasos de la competición. Perder no resulta fácil, pero no sólo perder el partido –esos resultados inamovibles con que finalizan los partidos-, sino ir perdiendo el partido, es decir: las oscilaciones de los resultados parciales repercuten de muy diversa manera en cada uno de los jugadores y en cada uno de los entrenadores.

  ¿Existen altibajos psíquicos que correspondan a esas oscilaciones en el marcador? ¿Se vive la euforia o el decaimiento con facilitad o, por el contrario, existe un equilibrio que tolera los embates del tanteador? Si el entrenador no está seguro de esa madurez competitiva de sus jugadores ¿puede concederles ese grado de libertad, esa iniciativa en el juego? ¿se atreve el jugador con esa responsabilidad sabiendo que no se siente capaz de responder positivamente a los pequeños fracasos o grandes fracasos que le vayan aconteciendo?

- **Respuestas auto afirmativas**: serían las mejores reacciones de los jugadores, conscientes de su cometido en la cancha de juego, las que les calificarían como auténticos competidores. De esta manera, el jugador responde a la confianza que le presta su entrenador y da de sí mismo lo mejor en todos los aspectos, técnico, táctico, estratégico y humano. El entrenador está seguro de que al terminar su tarea en los entrenamientos son sus jugadores los que en definitiva solucionarán los conflictos durante el juego, y confiará en ellos plenamente.

Mostrarse humano no reduce así su influencia a ese espacio que denominaríamos de simpatía, de cordialidad o de comprensión amable de los problemas de sus jugadores, sino que ahondaría eficientemente en su quehacer responsable.

5.1.3. El liderazgo del entrenador

El liderazgo, referido a cualquier circunstancia, es uno de esos temas que suscita opiniones mil, tratados mil, y hasta enfrentamientos personales mil. Basta consultar una bibliografía especializada para sorprendernos ante la variedad de planteamientos, perspectivas y desarrollos que aquí se dan cita. Por nuestra parte, además de invitar a que se consulten todas las ideas publicadas en torno al liderazgo, propondremos algunas reflexiones que avalen no sólo su importancia, sino que ayuden a comprender el matiz ético del liderazgo en un equipo de fútbol.

Entendemos que el liderazgo se orienta, en términos generales, por una serie de principios o fundamentos, que sí bien no agota el recuento de todas sus características, sí al menos las esclarece. Enumeramos estos principios sin acompañarlos de un desarrollo más amplio. Repetimos que este tema inspira amplias consideraciones monográficas.

En torno a esta cuestión y referidas a cualquier situación competitiva distinguimos cinco principios de liderazgo:

→ Principio de la Autoconfianza
→ Principio de la Decisión
→ Principio de la Empatía
→ Principio de la Adaptación
→ Principio de la Visión de Futuro

Principio de la Autoconfianza: Supone un alto grado de seguridad en sí mismo que le permite al entrenador transmitir a sus jugadores no sólo su estado de ánimo -convencimiento de que todas sus propuestas están encaminadas a la consecución de los mejores resultados- sino los argumentos, suficientemente razonados, sobre los que descansa su tarea directiva, para que el equipo se fíe plenamente de él.

En definitiva, este decirse sí a si mismo capacita al entrenador para que analice, lo más objetivamente posible, todo lo que va sucediendo, posibilita la aceptación desdramatizada de los resultados adversos y contribuye eficientemente a comprender el comportamiento de sus jugadores.

Autoconfianza que nace, en primera instancia, de un proceso continuado de autocrítica -sin autocrítica no hay mejora personal ni social en ninguna circunstancia de la vida- que facilita al entrenador contrastar sus puntos de vista con la evidencia de los hechos que jalonan su acción responsable. No hay excusas posibles donde refugiarse a espaldas de esa realidad inamovible que configuran los resultados.

Autocrítica que lo mismo aplaude que censura, pero en todo caso revisión permanente de lo que el entrenador es, piensa, siente y decide en cada momento.

Principio de la Decisión: Si somos lo que hacemos, es evidente que la toma de decisiones define el perfil, digamos centrífugo, de un líder. No le cabe a él la indecisión, hija de la inseguridad y de la desconfianza, porque sería negarse a sí mismo y defraudar las expectativas creadas alrededor de su liderazgo.

Decidirse es evidenciar el coraje que se compromete consecuentemente con los proyectos diseñados -pensamiento y acción- a pesar, en ocasiones, de manifestarse en contra de las críticas que se le hubieran formulado.

Decidirse es proponer, en cada determinación, un ejemplo del que tomar buena cuenta quienes están a la espera de todas esas decisiones. Es dar ese primer paso -ejemplaridad inexcusable- que pretende garantizar los pasos siguientes de los jugadores -decisiones también inexcusables- y augurar, a modo de pronóstico, los mejores resultados.

No hablamos de precipitación -toma de decisiones incontrolada- ni de ausencia de reflexiones ponderadas que perjudicarán el acierto final de un entrenamiento, de un partido o de una competición. Nadie conoce mejor que un líder las consecuencias negativas que acarrea una decisión inoportuna o el miedo que paraliza el decidirse cuando la oportunidad competitiva lo requiere.

El fútbol -la vida, continuamente- es una suma de acciones y de omisiones, decisiones todas ellas que urgen a todos, incluido, por supuesto, al líder en su función de guía y maestro.

Principio de la Empatía: Hablar del liderazgo del entrenador es hablar del equipo que dirige, alienta, entrena, corrige, enseña y con el que comparte muchas horas de su vida. Esa convivencia frecuente -viajes, concentraciones, entrenamientos, partidos- da paso a muy variadas, digamos, situaciones comunicativas, que propician el entendimiento mutuo entre el entrenador y sus jugadores o su distanciamiento.

La empatía o identificación mental y afectiva entre varios individuos, o entre individuos y grupos humanos -en nuestro caso el entrenador y su equipo- favorece la integración de todos alrededor de un mismo objetivo común.

No resulta fácil llevar a cabo una tarea conjunta si los miembros que configuran una plantilla no armonizan sus esfuerzos con la mirada puesta en el bien de todos. Y no basta con aunar intenciones, definir proyectos conjuntamente y prometer llevarlos a la práctica. El mundo de los deseos no siempre cristaliza en realidades y transitar por ese camino, el que conduce las ganas hasta su ejecución, o se allana desde la comprensión mutua, la aceptación y confianza mutua, o se obstruye hasta hacerlo intransitable.

La viabilidad de este recorrido se legitima, desde sus comienzos, en la empatía. No se concibe un liderazgo al margen de esta vinculación, creativa si es constante, inoperante si no se asienta definitivamente. No dudamos en afirmar que una de las claves del éxito del entrenador como líder -en ocasiones la clave por antonomasia de ese éxito- reside en este principio de la empatía.

Principio de la Adaptación: Entendemos por estos términos la capacidad que tiene un líder para ajustarse al día a día de la competición. Ese día a día no es uniforme y ahí se dan cita personas -los seres más cambiantes-, y acontecimientos -fases y momentos de juego irregulares e imprevisibles por naturaleza.

¿Cómo estructurar este entramado, tan complejo de posibilidades, si no se cuenta con esa habilidad para distribuir, por ejemplo, el espacio de competencias de cada futbolista conforme a las exigencias de la competición? ¿Cómo ser flexible -condescendiente o riguroso- en el trato con cada uno de los futbolistas y con el equipo? ¿Acierta el entrenador a manifestarse con un talante comprensivo cuando los estados de ánimo de sus jugadores solicitan una acogida cálida? ¿Son los jugadores quienes se adaptan a sus exigencias? ¿Pierde autoridad, o la gana, un liderazgo adaptativo?

No existen modelos que pudieran aplicarse de inmediato, sin matices, en situaciones comprometidas, tanto de carácter humano como de carácter específicamente futbolístico. El estudio, la experiencia, las cualidades de cada entrenador, irán definiendo las formas concretas de esa adaptación. Y será complicada, sobre todo, en los momentos que dan cabida a los sucesos imprevistos, lesiones, estados de ánimo sorprendentemente desequilibrados, respuestas técnicas inesperadas, toda esa suma de incidencias que se escapan al control previsto por el entrenador que dificultan su liderazgo.

Si la adaptación consigue sus frutos será una muestra más de la madurez del liderazgo del entrenador.

Esta madurez, como otros resultados de la acción humana, no significa que todo el proceso de la adaptación se haya logrado para siempre. El liderazgo, lo hemos dicho, es una tarea que no cesa; es un índice, nada más, que señala que en ese momento se podía hablar de madurez.

Apuntamos este matiz porque el liderazgo adaptativo –optamos por esta opción como la que mejor define esta categoría-se debate, en su día a día, entre dos alternativas que exponemos gráficamente a modo de preguntas. Se trata, en resumidas cuentas, de elegir entre continuar con los programas elegidos o cambiarlos por otros, que se suponen más eficaces.

Son tan cambiantes las circunstancias competitivas que los entrenadores se ven abocados a elegir entre rutina o creatividad, entre automatismos o innovaciones, entre lo de siempre o lo distinto. ¿Qué conviene en cada momento? Este es el interrogante cuya respuesta nos ofrecerá la clave para definir el alcance de la adaptabilidad del liderazgo en cuestión.

Adaptarse no es claudicar. No es cambiar porque sí una determinada forma de dirigir a un equipo o los conceptos fundamentales del juego. Es darse cuenta, a tiempo, de la oportunidad, si procede, de un cambio que oriente el futuro más convincente.

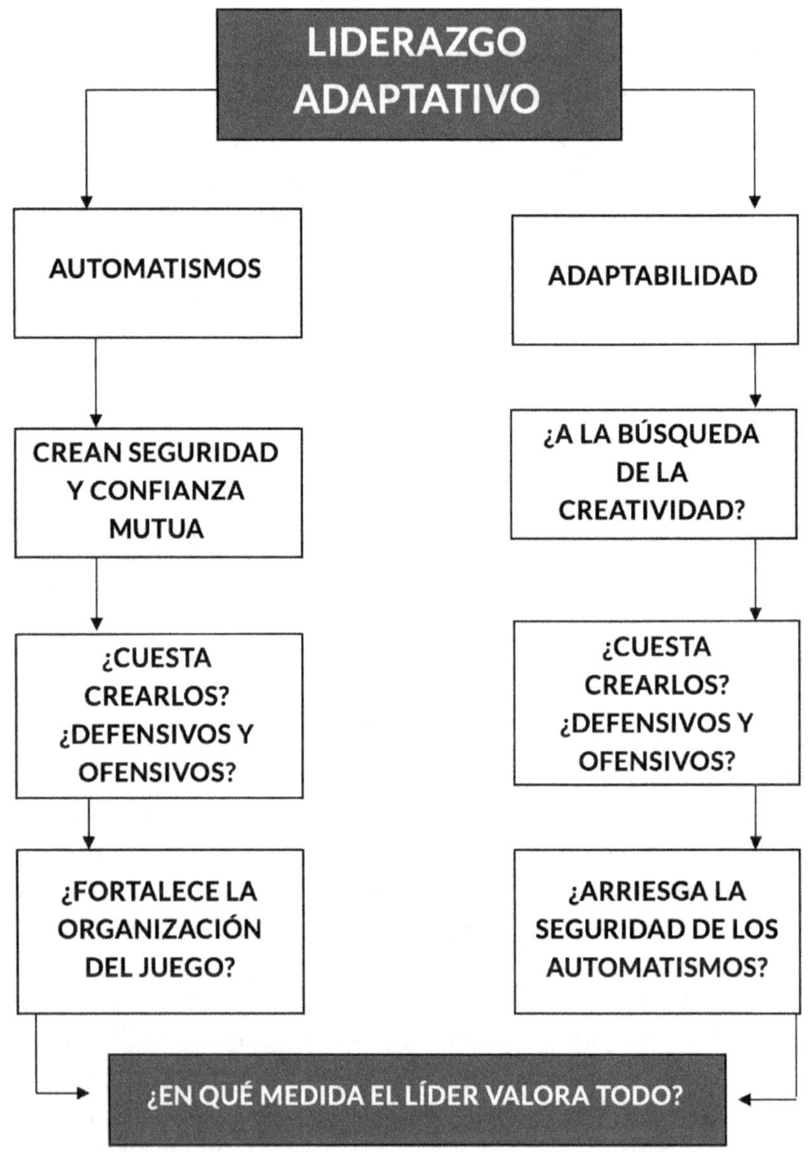

Principio de la Visión de Futuro: Sin proyectos, el liderazgo carece de contenidos. Aunque el tiempo presente marca el compromiso de cada uno, la tarea del entrenador descubre constantemente el "tiempo después". Esa visión del futuro le sirve al entrenador para racionalizar sus métodos de trabajo, para anticiparse a posibles rendimientos defectuosos, para programar posibilidades de mejora y para mantener la tensión competitiva.

Es comprensible que el líder implicado en los asuntos cotidianos se encuentre absorbido por la inmediatez de sus compromisos, de ese momento a momento, por otra parte inexcusable. No obstante esa urgencia, le corresponde al líder abrir su mente al futuro al que, por otra parte, se encaminan todos sus esfuerzos. ¿Es compleja esta atención bifronte? Si, desde luego. Pero ya hemos afirmado desde un principio (Capítulo 1. Primera parte) que el fútbol es un deporte complejo, complejidad que atañe a todas sus múltiples facetas.

Tampoco, al hablar del futuro, nos remontamos a un tiempo lejano, podemos quedarnos en mañana o en el próximo partido dentro de cinco días o en otra competición. Se trata de compaginar todos los tiempos que determina el calendario de la competición. Se trata de no reducir el campo de visión a los márgenes estrechos de lo cercano, porque de hacerlo así, el entrenador no acertaría a potenciar todas las cualidades de sus jugadores, se produciría un estancamiento en la progresión de su mejora y el estímulo nacido de la motivación no encontraría su razón de ser.

Precisamente una de las capacidades o cualidades más relevantes de un entrenador será esta visión fundamentada, racional, lógica, estudiada, de su propio futuro comprometido con una determinada competición y con unos jugadores concretos. Actuar hoy como si el mañana no existiera equivaldría a definirse como insensato, de escasa inteligencia, superficial y desconocedor, sobre todo, de la rigurosidad con que hay que plantearse, a largo y a corto plazo, todos los asuntos referidos a la competición y a los hombres que en ella participan. Y subrayamos el concepto humano por la importancia extraordinaria que reviste.

Insistimos en esta visión de futuro porque podríamos encontrarnos, en la práctica diaria de la competición, con entrenadores muy cualificados para dirigir ese día la mecánica de un entrenamiento, pero incapaces de ver más allá del día de hoy, sin comprender, por ejemplo, la necesidad de "dosificar esfuerzos" o "compensar esfuerzos" que hará posible la obtención del objetivo final. Prácticamente "queman" a sus jugadores, ya que eso no es entrenar, en un deseo de conseguir resultados espectaculares al principio, como si el jugador aguantara ese ritmo exigente de entrenamiento sin resentirse en "un futuro".

La visión de futuro tampoco es un seguro de incapacidad para el presente, como si el hecho de prever las posibles reacciones y necesidades de los jugadores significara olvidar el trabajo diario, y como si la capacidad de teorizar a largo plazo hiciera pasar por alto el esfuerzo cotidiano.

No estamos disponiendo un sentido antagónico de la visión personal del entrenador, o futuro o presente, sino un sentido matizado plural, comprensivo y armónico, de las funciones que de continuo son propias de ese entrenador.

Tanto el tiempo futuro como el tiempo pasado, tendrán que conjugarse en tiempo presente. Y este sentido de la comprensión, sin fronteras, de toda la competición, no debería parcelarse en pequeños espacios. Compleja interpretación del flujo de la vida futbolística, pero al fin y al cabo es la visión que se espera de su líder.

El liderazgo día a día: Si aceptamos que la medida del liderazgo, es decir, su verificación y su evaluación, nos revela el acierto o el desacierto con que afronta la solución de los problemas, entonces cobra suma importancia la capacidad de autocrítica con la que el líder considera el desempeño de sus funciones. Su día a día al frente del equipo está jalonado de tantas incidencias, previstas o imprevistas, que sólo desde el análisis concienzudo de lo que está haciendo, considerado desde fuera de sí mismo y sobre todo desde sus adentros, podrá proporcionarle la valoración ética más exacta.

Preferimos el auto-análisis como medida del liderazgo, si bien no excluimos la crítica externa, que suministra un sinfín de datos para compulsar la tarea cotidiana del liderazgo. La tarea de interiorización, la perspectiva, desde la que el líder se observa, se acepta o se rechaza, se compromete y se valora garantiza la autenticidad de ese proceso y de esos resultados, siempre y cuando la sinceridad consigo mismo no admita apaños ni excusas.

¿Una auto-perspectiva? Pues sí, una toma de conciencia sincera de entenderse, al margen de lo que pudieran decir de él los demás. Es su propia regla de cálculo, su test incondicional, su estado permanente de vigilia, que le permitirá huir de los halagos y de las reprobaciones, y mantenerse ecuánime. Difícil y compleja esta perspectiva – ésta más interiorizada, pero inequívocamente humanizadora, siempre y cuando no constituyera una forma larvada de masoquismo, y sí, en cambio, un punto de vista de partida para su mejora.

De esta forma, el entrenador aprenderá a "ser" él mismo, tomará buena nota de lo que "es" en realidad. Se descubriría en transformación continua –la misma constante que tiene lugar en sus jugadores-, viviendo períodos de inestabilidad emocional y de equilibrio, experimentando en su carne el hostigamiento al que se verá sometido por múltiples presiones externas, unas veces a gusto por haber acertado al utilizar sabiamente los recursos puestos a su disposición, y otras disfrutando al darse cuenta, él el primero, de sus equivocaciones, imposibles ya de ser rectificadas.

Este mirarse por dentro sin complejos le ayudará a plantearse serenamente sus contradicciones más sensibles, por ejemplo:

- Su aspiración a resolver todos los problemas suscitados en el seno del equipo y no quedarse ahogado en un mar de dudas.

- Su deseo de ofrecer soluciones y descubrir que son más las preguntas que las respuestas.

Y al mismo tiempo descubrir la importancia, que en el ejercicio de su liderazgo, manifiestan los siguientes tres factores humanos:

- El factor humano y protagonista, que define la conducta competitiva de los futbolistas.
- El factor humano, que interviene en la preparación y dirección de las situaciones competitivas, y que se refiere a los entrenadores.
- El factor de situación técnica o de contexto, que hace posible las respuestas de unos y otros, y que conocemos con el nombre de competición.

Nos hemos acercado al entrenador como líder y hemos invitado al entrenador a que acepte el compromiso de autovalorarse como líder. Estamos convencidos de que estos dos puntos de vista nos ayudarán a entender mejor la relevancia del ejercicio del liderazgo de cualquier entrenador, cualquiera que sea la categoría futbolística en la que se encuentre.

5.2. EL ENTRENADOR, MAESTRO

Si no dejamos de repetir que la acción de liberar talento es una muestra más de cómo responder al deber ético de cualquier entrenador, ahora que contemplamos su quehacer docente una de las características de toda responsabilidad directiva acentuamos, aún más, nuestro convencimiento de que ser entrenador no podía ser entendido fuera del espacio ético.

¿En qué consiste esta tarea docente? ¿Por qué consideramos que el entrenador ejerce de maestro de su equipo? ¿Y qué tienen que ver esos contenido docentes con la ética?

Cualquier tarea docente es una tarea transformadora, comprometida por entero a favor del ser humano al que se dedica. No debería haber espacios raquíticos en esta labor del maestro, como si únicamente las materias que se explican tuvieran como objetivo un sector de la naturaleza humana. Es verdad que las ciencias, las humanidades, la actividad física, por presentar algunos ejemplos, polarizan primariamente su atención en espacios específicos, cognitivos o motrices, de los alumnos, pero también debería ser verdad que se tuviera en cuenta a ese alumno por entero –lo que es, lo que podría ser- sujeto pasivo y activo de este quehacer docente, renovador por definición.

El entrenador se involucra con su trabajo en el día a día de la mejora humana y específicamente futbolística de sus jugadores mediante un proyecto –la planificación deportiva a corto, medio y largo plazo-, que pretende salir al paso de las múltiples variables que configuran la competición, competición que exige una preparación concienzuda –a veces extraordinaria- una actitud positiva incuestionable de querer ser más, la madurez perseverante de quien acepta los resultados sin buscar excusas y el espíritu crítico capaz de racionalizar todo el proceso docente, que no busca sino el enriquecimiento integral de cuantos construyen el equipo.

De esta forma, el entrenador-maestro contribuye a elaborar y perfeccionar un proceso docente constante de estructuración y desestructuración de contenidos y de comportamientos encaminado a la mejora, que, según los más expertos analistas, transformaría, en cada futbolista, sus estructuras condicional, intelectiva asociativa, afectiva y expresiva. Es decir, que las tareas del entrenador serían, por antonomasia, vitales y al mismo tiempo éticas por cuanto preocupadas por el perfeccionamiento sin pausa de los jugadores.

El espacio y el tiempo del entrenamiento dependen en gran parte de la docencia del entrenador y es ahí dónde y cuándo descubrimos en que consiste enseñar a transformarse, a ser éticos, a sentirse mejores, a resultar más creativos.

Tres cometidos o tres formas de actuar, caracterizan el entrenamiento: trabajo, experimento y aprendizaje. Tres fases de una misma ocupación, que define la actitud deseable de los futbolistas comprometidos con su formación-transformación permanente. Como derecho y como deber de todos los integrantes del equipo por "ser más", se acepta libremente no cejar en el empeño de descubrir cada uno hasta dónde sus limitaciones y sus capacidades le permitan acceder a esa mejoría humana y técnica.

Al plantearnos el entrenamiento desde esta triple perspectiva como misión ética del entrenador, nos urge contemplar ahora los retos que implica esta manera de ejercer la docencia.

5.2.1. Los retos de la docencia

Enseñar, mientras discurre el entrenamiento, tiene mucho de ensayo, de riesgo, de apuesta por el futuro, de seguridad en el presente, de valoración crítica sobre lo que se está realizando, de piedra de toque personal y colectivo frente a los retos diarios de la competición.

Entrenar es acercarse a la perfección, al menos intentarlo, sabiendo de antemano que no hay perfección posible y que los fallos acumulados darán al traste, algunas veces o muchas veces, con el esfuerzo empleado durante mucho tiempo.

Entrenar, por eso, es difícil, porque significa que el entrenador vive siempre pendiente de que las múltiples variables que se dan en cada jornada cristalicen en resultados satisfactorios. De ahí que para entender en toda su complejidad el acto docente del entrenamiento, lo valoremos ahora desde las tres perspectivas citadas anteriormente.

5.2.1.1. El entrenamiento como trabajo

Nos remite al hecho de una dedicación existente, marcada por el signo de una ineludible responsabilidad, atenta cotidianamente a la mejora de todos en todo aquello que forme parte de las acciones futbolísticas.

En las competiciones de alto nivel, la escasez de tiempo dedicado al entrenamiento sigue siendo una preocupación generalizada entre todos los entrenadores. Los calendarios recargados de partidos, los frecuentes viajes y concentraciones, las pre-temporadas que se dedican a satisfacer distintos compromisos comerciales o sociales, recortan en grado sumo el tiempo necesario que requiere el desarrollo concienzudo de cualquier entrenamiento.

Si así está configurada la competición, no hay otra respuesta que la de matizar y adecentar lo mejor posible, la calidad, el fondo y la forma, de los sistemas de entrenamiento, con una mención especial a la relevancia que adquieren los factores humanos en el desarrollo de esta docencia.

¿Y qué características reviste este trabajo? ¿Cuáles son los criterios que articulan el proceso continuado del entrenamiento? ¿Hacia dónde se planiza la preocupación del entrenador mientras enseña a sus jugadores?

Si hablamos de los momentos presentes, de ese día a día que confirma la actualidad del entrenador maestro, todo el esfuerzo va encaminado a sacar el mayor rendimiento de lo que se tiene –la disponibilidad real humana y técnica del equipo- en función del máximo acontecimiento –el entrenamiento de mañana o el partido del fin de semana. Es la vinculación permanente a la realidad que prima por encima de cualquier utopía paralizante, en el hoy, mañana ya veremos, hacia el que el entrenador conduce la atención de sus jugadores. Es el magisterio concebido para lograr que un futuro cierto –el calendario de la competición- certifique el éxito a partir de los pequeños éxitos de cada día.

El contenido de este presente aglutina todas aquellas respuestas que tuvieran que ver con la compatibilidad de estos dos tiempos, el del entrenamiento como trabajo y el del resultado futuro nacido del tiempo presente.

Psicológicamente hablando, el futbolista tiene que aceptar mental y afectivamente que sin necesidad de procesos especiales de motivación, la dedicación al entrenamiento, de forma existente y a veces tensa, forma parte de su profesionalidad.

Ya sabemos que todos comprenden esa dureza que como profesionales del fútbol aceptan. Pero de lo que se trata es de que incorporen de buena gana a su talante vital todas las consecuencias, positivas y negativas, favorables o desfavorables, alegres y desagradables, que suponen las sesiones de entrenamiento.

Por regla general, el futbolista se muestra más dispuesto humanamente a jugar que a entrenarse. Y aunque sea comprensible esta preferencia desde una interpretación psicológica de lo que significa jugar y entrenarse, sin embargo, no debería perder de vista el entrenador las funciones específicas de cada una de estas facetas de la profesión futbolística: partidos y entrenamiento.

Teniendo en cuenta estas preferencias del futbolista, el entrenador debería cuidar al máximo la definición de cada uno de los contenidos del entrenamiento, para que los profesionales del fútbol adviertan, sin lugar a dudas, la calidad de ese entrenamiento por lo que se refiere tanto al fondo como a la forma de ofrecérselo.

Es de capital relevancia que los factores humanos que intervienen en el entrenamiento encuentren allí su más plena realización. El clima de bienestar vivido de forma permanente durante los entrenamientos ayudará, beneficiará y contagiará positivamente a todos los integrantes del grupo.

Entrenamos seres humanos, no robots ni futbolistas despersonalizados. Entrenamos programas completos que afectan por entero a esas personas-futbolistas y no nos deben preocupar las respuesta "tipo recetas" que equivocadamente pretenden salir al paso de todas las incidencias posibles del juego.

Entrenamos actitudes que son modos de actuar, que frente a situaciones inesperadas del juego, por ejemplo, aciertan con la respuesta adecuada. Si en el entrenamiento se valora, se destaca, se entrena, la actitud de ayudar permanentemente a los compañeros de equipo, es lógico que a lo largo de un partido, de una competición, esa actitud cristalice en respuestas concretas que si bien antes no fueron entrenadas como tales, ahora, cuando se solicita a unos jugadores esa actitud de apoyo, surja con toda su oportunidad y eficacia.

5.2.1.2. El entrenamiento como experimento

La segunda definición que aplicamos al término entrenamiento es la de experimento.

Palabra que tal vez suscite algún desconcierto, como si ante nosotros apareciera la amenaza, más o menos oculta, de convertir los futbolistas en unos conejillos de indias sobre los que tantear o probar todo tipo de averiguaciones, desde unos productos farmacológicos de dudosa aplicación biológica, o unos test físicos o psicológicos que revelaran o forzaran la naturaleza humana de esos futbolistas.

Nada más lejos de esta intención que favorecer este sometimiento artificial del futbolista, ser humano, a las manipulaciones genéticas o psicofísicas, con un claro matiz de irrespetuosidad y de irresponsabilidad antiéticas. El experimento nos introduce en el mundo de las experiencias personales, en el mundo interior de las vivencias. Es el futbolista quien mediante el entrenamiento se descubre a sí mismo para corregir sus errores o sus incapacidades, y solicitar de quienes puedan ayudarle las respuestas convenientes que van a permitirle ser mejor. Se experimenta desde sí mismo, sin otro sometimiento que a las orientaciones que le llegan del entrenador.

El entrenador no experimenta, mientras entrena al equipo, ningún sistema de trabajo que pueda dañar a sus jugadores, siempre y cuando partamos del supuesto de que ese entrenador está acreditado profesionalmente para ejercer su tarea. Experimentar trae consigo la aceptación, si llega el caso y por parte de los jugadores, de múltiples cambios en sus maneras concretas de jugar, golpear o pasar el balón, relacionarse unos con otros..., ya que para eso se dedican al entrenamiento.

El entrenamiento como experimento plantea un reto de calidad intelectual y volitiva cuyas respuestas habrá que buscarlas en lo más profundo de la personalidad de los entrenadores y de los jugadores:

- Porque el entrenamiento debería ser la antítesis de las conductas rutinarias que son su peor enemigo
- Porque el entrenamiento dicta todas los días la lección del ir a más, que no se contenta con las cotas conseguidas.
- Porque el entrenamiento no sólo conserva todos los hallazgos, éxitos, cualidades... de los futbolistas, sino que estimula hacia la superación, y la verdad es que mantenerse dispuesto

a transformar lo que ya se tiene y esforzarse por encontrar lo que no se tiene, es una actitud exigente y que a su vez necesitará ser motivada de continuo.

- Porque el entrenamiento no discurre, como los partidos, de manera continuada, sin interrupciones, y estos cortes, el volver a empezar otra vez y todas las que sean necesarias, pueden romper la atención y hasta la buena disposición de los futbolistas para reemprender su trabajo.

5.2.1.3. El entrenamiento como aprendizaje

El entrenamiento como aprendizaje constituye su tercera y última interpretación, tal y como las he presentado en este capítulo.

Entiendo que el aprendizaje contempla dos campos de aplicación de sus propuestas:

A.- El campo del conocimiento: que enseña el entrenador a sus futbolistas a lo largo de todas esas sesiones de trabajo y de experimento, tal y como las he presentado anteriormente;

B.- El campo de la realización de esos conocimientos: cómo dosificar los esfuerzos. Cómo poner en práctica, y en una dimensión práctica eficiente, todo lo que se ha aprendido.

A.- Campo del CONOCIMIENTO

En la parcela del conocimiento, el entrenador propone a sus jugadores el aprendizaje aplicado a dos respuestas muy concretas:

- Qué puede ofrecer cada jugador al equipo en todos los ámbitos futbolísticos. Por ejemplo: desde un punto de vista físico, ¿resistencia, velocidad ...?; desde un punto de vista técnica, ¿habilidad, toque de balón...?; desde un punto de vista psicológico, ¿seguridad, concentración, autoridad...? Es decir: supuesta la individualidad, la forma peculiar de entender el fútbol de cada jugador, ¿cómo participarán todos en el esfuerzo común del equipo, en el supuesto de que el grupo dependiera únicamente de cada miembro del equipo?

- Qué puede ofrecer el equipo a cada jugador, igualmente en todos los terrenos de la colaboración física, psicológica, táctica... Es decir: supuestas las características de cada equipo, sus limitaciones y sus posibilidades, ¿cómo apoya ese grupo las iniciativas, los fallos, los éxitos ... de cada uno de los jugadores que participa de la vida del equipo?

Planteadas así las cosas, evidenciamos una mutua y necesaria comprensión de puntos de vista, de esfuerzos, de experimentos, de trabajos... que redundan en beneficio de todos. No deberían estar separadas estas aportaciones, como si el equipo le fuera ajeno al jugador y viceversa, o como si cada una de estas dos realidades futbolísticas, jugadores y equipo, pudieran llevar adelante sus ilusiones o sus proyectos por caminos distintos.

B.- Campo de la REALIZACIÓN DEL CONOCIMIENTO

En la segunda parcela, que habla de la dosificación eficaz de los esfuerzos, el entrenamiento como aprendizaje propone una sutil distinción entre lo que son necesidades presentes, particulares-grupales, posibles y urgentes:

- Necesidad presente es la que se desarrolla a lo largo de cada uno de los momentos del juego y ante la cual sólo cabe esperar lo que debe hacer cada jugador en ese espacio y en ese tiempo de partido.
- Necesidad particular-grupal es la que requiere el esfuerzo que cada uno brinda a la tarea común del equipo, o el grupo como tal a cada jugador, en ese momento concreto del partido al que aludía antes.
- Necesidad posible cuya solución está a la espera de esa respuesta normal, al alcance de cada uno de los jugadores.
- Necesidad urgente cuya presencia inopinada reclama una respuesta lo más rápida posible, puesto que pasada esa oportunidad ya no cabría otra respuesta.

No siempre se lleva a cabo esta modalidad de entrenamiento pensada como aprendizaje capaz de salir al paso de tantas contingencias, y por el contrario se cifra a la intuición de cada futbolista el que pueda salir al paso de todas estas situaciones. El futbolista no es un autómata que consintiera ser programado para no modificar sus conductas mientras estuviera jugando. El futbolista tiene que decidir frente a cada una de esas cuatro necesidades, cuáles van a ser sus respuestas oportunas, y tendrá que hacerlo poniendo en juego, y comprometiendo, su libertad.

Una vez más está en juego el compromiso ético del futbolista.

5.3. EL ENTRENADOR, CREADOR DE DIFERENCIAS

Uno de los aspectos sobresalientes del trabajo de cualquier entrenador es su compromiso con la mejora de sus jugadores. Mejora que cuenta, como punto de partida del reconocimiento de las características, siempre diferente entre ellas, que son propias de cada uno de esos futbolistas. Y al hablar ahora de diferencias -palabra clave en este apartado- destaquemos algunas ideas.

En primer lugar, el que hable de la diferencias en el fútbol no supone olvidarse de lo que se ha dado en llamar "disciplina de equipo", o "estilo de juego propio de un equipo", o "sistema típico y unificado de juego".

Las diferencias de todo tipo, técnicas, tácticas, psíquicas, que caracterizan a cualquier equipo, representan su riqueza más genuina, su potencial auténtico, con el que oponerse a su rival de turno. Otro reto, otro problema, será cómo conseguir el ensamblaje de todas esas diferencias para que su puesta a punto en común fortalezca y garantice la eficacia del trabajo en equipo.

En segundo lugar, en un equipo de fútbol, que por encima de cualquier otra consideración es un grupo humano, van a existir siempre las diferencias, aun supuesta la máxima compenetración entre todos los futbolistas, que sin duda alguna orientan todos sus esfuerzos hacia un mismo objetivo.

Apostar por las diferencias va a significar contribuir a la mejora del fútbol. Éste es al menos mi punto de vista y el fundamento sobre el que se asentarán mis argumentos a favor de un fútbol de mayor calidad.

En tercer lugar, entendidas así las diferencias, al menos en una primera definición, como el exponente de la riqueza humana de un equipo de fútbol, es lógico deducir que lejos de hablar de disgregaciones o de rupturas estamos hablando de energía grupal, de recursos humanos, de valores, con los que afrontar los distintos compromisos competitivos. De ética, en definitiva.

A modo de ejemplo, pensando en las etapas de la iniciación al fútbol de los niños, citamos dos cualidades que marcan ya, desde esos inicios, las primeras diferencias.

En primer lugar, la espontaneidad abre el proceso humano a la creatividad y no entiende de otras cortapisas que las que no respeten la letra y el espíritu de las Reglas de Juego. La espontaneidad mira al presente del niño, por encima de cualquier otra consideración y se despreocupa de los resultados que tanto condicionarán, luego, el desarrollo del fútbol.

La espontaneidad representa, ante todo, la oportunidad que se reconoce en los niños para que den lo mejor de sí mismos, sus vivencias personales, su interpretación genuina del fútbol, sin pensar en otra cosas que en su gesto técnico, torpe tal vez ahora pero cuajado de promesas. Tiempo habrá de rectificaciones, porque lo que importa en estos comienzos de la iniciación deportiva es la expresión total del niño, para que en ese caldo de cultivo, que es su libre realización de movimientos durante el juego, sea capaz de tomar decisiones diferentes de las de los demás.

De esa forma la espontaneidad establece, desde un principio, esa gama ingente de diferentes puntos de vista que tanto aportan, lo mismo en la vida que en el fútbol, a la convivencia humana y al enriquecimiento profesional de los futbolistas adultos.

En segundo lugar –y de nuevo la referencia a los niños, educadores ellos también y a su manera de los adultos-, habría que hablar de la ausencia del miedo al fracaso, o la espontaneidad citada anteriormente y exenta de ansiedades. Cuando más tarde, en medio de una competición liguera haga su aparición la temible ansiedad, que todo lo quiere y que todo lo teme, el futbolista que no haya sido entrenado convenientemente se sentirá coartado para tomar iniciativas y se limitará a repetir lo de siempre por miedo a equivocarse. No se atreverá a ser diferente porque tal vez siempre tuvo presente a los modelos de los que no aprendió sus diferencias y de los que se aprovechó rutinariamente.

Para los entrenadores, con un elevado sentido ético de su profesión, hacerse cargo de un grupo de futbolistas geniales, diferentes, será siempre un motivo de orgullo, y entrenarlos no supondrá ninguna dificultad. Cuantos más diferentes sean sus futbolistas, más saldrá ganando el fútbol como deporte y como espectáculo.

5.3.1. Estética y ética de las diferencias

Ser creativo en el fútbol y por ello mismo diferente, significa jugar mejor y defender la calidad del fútbol como respuesta humana profesional. Y la belleza del espectáculo futbolístico está íntimamente ligada al concepto perfeccionista del juego. El futbolista que renuncia a conseguir la realización estética del juego estaría olvidándose de su compromiso profesional, que le obliga, como a cualquier ser humano, a evidenciar lo mejor de sí mismo.

Este quedar emplazado permanentemente frente a la opinión pública que le demanda respuestas estéticas, quiere decir que todas sus conductas, las físicas, las psíquicas, las técnicas... tienen que estar presididas por un deseo de mejora continua. No hay estética sin esfuerzo, no hay creatividad sin esfuerzo, no hay fútbol sin esfuerzo. Y el hecho de ser diferentes, porque los futbolistas sean creativos, no les excusará de estos esfuerzos, puesto que esas respuestas estéticas están cimentadas en la permanente puesta a punto que requiere del trabajo asiduo.

Pero aún hay algo más en la valoración de estas diferencias, y es su sentido ético. Es decir, la obligatoriedad de ofrecer a la opinión pública lo mejor de uno mismo en virtud de un pacto no escrito, pero si aceptado por todos, mediante el cual todos los profesionales tienen que emplearse a fondo, estar a punto.

La importancia de ser diferentes no sólo merece los aplausos de los aficionados, ya que hacia ese éxito conduce el concepto estético de las diferencias, sino también exige una dedicación más intensa y más constante, ya que hacia ese dinamismo desemboca el concepto ético de las diferencias.

5.3.2. Potenciar las diferencias. Tres modelos.

Detrás de esos creadores inmediatos de tantas diferencias futbolísticas de calidad, que día a día alimentan la expectación creciente los aficionados, se encuentran los entrenadores, que no intervienen directamente, es verdad, en la dinámica del juego pero que entienden, entrenan y potencias todas esas diferencias. Hago hincapié en esos tres verbos: entender, entrenar y potenciar las diferencias.

Los tres modelos, a los que ahora aludo, recogen distintas sugerencias en torno al entender, entrenar y potenciar todas las diferencias y que presentaré metodológicamente en tres apartados:

A) Primer modelo: modelo Búsqueda.

B) Segundo modelo: modelo Análisis.

C) Tercer modelo: modelo a la Contra

A) Empecemos por el primer modelo o *modelo Búsqueda*:

¿Qué pretende conseguir este modelo?: algo muy sencillo a la vez que complicado, a saber, que los futbolistas y sus entrenadores, como promotores de este modelo, se atrevan a ser originales.

¿Hacia dónde orienta este modelo sus intentos?: Hacia fuera de cada uno de los futbolistas, para que todos den de sí mismos, en la tarea común del equipo, su más cualificada participación. Que no se reserven nada. Que extroviertan generosamente su peculiar manera de entender el fútbol. Que aparezcan ante los demás como jugadores de equipo lo más definidos posibles. Que no quede en su acción futbolística, que por fuerza se manifiesta ante la opinión pública, ningún reducto de los llamados íntimos.

¿Cuándo y dónde se pone en funcionamiento?: A cualquier edad y en cualquier terreno de juego. Los futbolistas infantiles, porque está iniciándose en el fútbol, -la iniciación es un período de aprendizaje primerizo- y los profesionales, porque nunca sabrán todo lo que el fútbol les tiene reservado, en el campo de entrenamiento, donde el tiempo queda abierto a la creatividad de todos, y en los terrenos del fútbol-competición cuando los resultados dependerán de la calidad de las respuestas humanas y técnicas de todos.

¿Cuáles son sus resortes operativos? Fundamentalmente la Búsqueda Personal de las Soluciones, de ahí el nombre que doy a este modelo. Y aquí, en la descripción de esta faceta que califica al primer modelo, aparecen los argumentos.

La Búsqueda, derecho y obligación: este modelo tiende a romper el adocenamiento, la postura cómoda, de quienes todo lo esperan de los demás –en este caso que sea el entrenador quien piense por todos y quien ofrezca las soluciones- y compromete, en sentido contrario, la responsabilidad de todos, la del entrenador también, pero principalmente la de los jugadores, en la Búsqueda Personal de las ideas y soluciones.

La novedad en la Búsqueda: no obstante lo dicho hasta aquí, sólo desde el reconocimiento, en la práctica, del valer y el valor de cada uno, y desde la aceptación de sus diferencias, conseguiremos la mejora del fútbol.

La mera repetición de los saberes no conduce a nada nuevo. Y en cambio, la incorporación de todos los resultados que cada uno aporta al equipo, tras su Búsqueda minuciosa de alternativas, termina por introducir nuevos rumbos en el fútbol, nuevos esquemas de entrenamiento, nuevas fórmulas tácticas o médicas o psíquicas, con las que diseñar la estructura completa, humana y técnica de los futbolistas.

El futbolista, niño, joven, adulto, que se sienta respaldado por su espontaneidad, se sentirá igualmente ennoblecido en su dignidad como persona y como deportista, y ahuyentará de su mente los fantasmas de las rutinas, que en el fondo no ocultan sino una enorme pereza donde se refugian todas las comodidades.

Iniciativa y disciplina de equipo: La afirmación: "que me diga el entrenador lo que tengo que hacer que yo obedeceré disciplinadamente", es una respuesta tibia que huye del esfuerzo bajo capa de disciplina, o una respuesta que el entrenador consiente para que su trabajo discurra, por caminos, aparentemente al menos, más trillados. Es compatible, qué duda cabe, el pensar y el buscar lo nuevo por sí mismo, con el acatamiento a las decisiones últimas del entrenador.

No confundamos los términos en que está planteado este modelo de la Búsqueda. Porque quienes buscan desde su originalidad no pretenden imponer a nadie el resultado de sus búsquedas, sino que reclaman, sencillamente, su derecho a incorporar sus hallazgos a la tarea colectiva del equipo.

Que luego el equipo, en su Búsqueda como grupo encuentre satisfactorias esas soluciones, que le vienen de parte de cada uno de los futbolistas, o las rechace por inoportunas, es otra cuestión, otra faceta, otro capítulo, que configura todo el proceso de la Búsqueda.

La Búsqueda no está condicionada a los resultados, al marcador, de un partido, sino a la creación de un sinfín de actitudes que más tarde, a lo largo de su vida, propiciarán los resultados numéricos, que hoy por hoy no interesan. Que los niños crezcan hacia fuera, eso es lo que importa, que evidencien de lo que son capaces aún a costa de lo que algunos adultos consideren fallos y que no son sino experiencias buscadas al no sentir miedo ante el fracaso ni ante la presión de ser criticados.

El entrenador propone, por ejemplo, en sus entrenamientos, una variadísima oferta de problemas, tampoco excesivamente complejos, que los niños se encargarán de solucionar sin que previamente se les diga cómo hacerlo. Y mientras los niños buscan, porque piensan y actúan libremente, el entrenador anotará todo tipo de reacciones conducentes al término de los problemas suscitados.

Una vez más los niños, posiblemente no todos es verdad, sorprenderán a los adultos con sus atinadísimas respuestas, que no siempre coincidirán entre sí, pero que resultarán tan válidas, o tal vez mejores, que las que en un principio su entrenador había concebido.

La Búsqueda de parte de los adultos: Veremos con mayor detalle este apartado que dedicaré al hecho mismo de cómo conseguir ser creativo.

De todas formas, y como anticipo a lo que allí se propone, digamos que también a los profesionales les compete el derecho y el deber de seguir buscando por su cuenta.

No es verdad que sólo a los niños se les conceda ese margen de espontaneidad del que estamos hablando. Lo que sucede es que unos y otros, los niños y los adultos, proceden en sus búsquedas de distinta manera. Pero lo que siempre quedará a salvo es el tener que buscar, el tener que pensar individualmente, sin ceder esa responsabilidad a nadie.

Una última observación: Entrenar así, abriendo sin parar los márgenes a la disponibilidad de cada uno en beneficio de todos, supone un enorme esfuerzo de comprensión y sobre todo un altísimo nivel de conocimientos de parte del entrenador.

Por el contrario, entrenar mediante la aplicación férrea de unas pautas, que no atienden para nada a las diferencias de cada uno, simplifica mucho los sistemas de iniciación al fútbol y de su posterior perfeccionamiento.

Pero esta desconsideración hacia todo lo que significa originalidad, talento futbolístico personalizado, búsqueda comprometida de las respuestas de parte de cada uno, complejidad u hasta un cierto desconcierto en una primera fase ante el aluvión de soluciones diferentes, perjudica de tal manera a unos y a otros, niños, jóvenes y adultos, que es el propio fútbol como deporte, como espectáculo, y como fenómeno humano el que paga sus consecuencias nefastas.

¿De qué manera? Vulgaridad, reiteración, rutinas, falta de motivación, aburrimiento y un diluir entre todos el sentido de la propia responsabilidad recurriendo a los tópicos de siempre: la mala suerte, el árbitro, la falta de apoyo de los aficionados, el sorteo desfavorable, las lesiones... que no resuelven los problemas de fondo.

B) Reflexionemos ahora sobre el segundo modelo o *modelo Análisis:*

¿Qué pretende conseguir este modelo? La autoafirmación o la autoestima, como queramos denominarlo, que permite a cualquier futbolista sentirse de acuerdo consigo mismo, seguro de sus posibilidades, decidido a tomar todas aquellas decisiones que o bien se le piden de acuerdo con su categoría, o bien las ofrece él, convencido de que pueden llevarlas a cabo eficazmente.

¿Hacia dónde orienta ese modelo sus intentos? Hacia dentro de cada uno de los futbolistas, para que pudiéramos afirmar, sin temor a equivocarnos, que esos jugadores crecen hacia dentro, es decir, maduran, se experimentan a diario mejor cualificados para la práctica del fútbol.

Este crecimiento, que afecta, por encima de todo, a las distintas facetas de la personalidad del futbolista, es el que nos autoriza a reconocer el valor de las diferencias, que en cada uno son el origen de lo mejor que hay en él.

¿Cuándo y dónde se pone en funcionamiento? A semejanza del modelo anterior, el de la Búsqueda, a cualquier edad y cualquier lugar, no necesariamente sobre el terreno de juego, ya que el Análisis, que alentamos desde estas páginas, pueden hacerse lo mismo durante un viaje, en la habitación de un hotel, en la ducha o mientras se juega un partido. Es decir, que para preguntarse uno a sí mismo "qué es lo que le sucede al equipo", todos los tiempos y todos los sitios son los adecuados.

Otro caso será el de un equipo cuando se interrogue en común, como grupo, sobre las causas de las derrotas o de los triunfos en los partidos, de los altibajos que sufre de vez en cuando, de los descontentos en la plantilla... Entonces habrá que determinar los sitios, por ejemplo el vestuario, y los momentos oportunos, por ejemplo, antes de comenzar un entrenamiento, que permitan a todos un Análisis sereno de los acontecimientos.

¿Cuáles son sus resortes operativos? Por encima de todo la reflexión sobre los porqués de cuanto acontece en el mundo futbolístico desde la doble perspectiva de lo humano y lo técnico. Reflexión que aquí reconoceremos como Análisis de las situaciones y que como tal da nombre a este segundo modelo que paso a desarrollar enseguida.

Descubrirse a sí mismo: Es decir, conocerse a sí mismo, lo más profundamente posible, sin permitir que la vida de cada uno transcurra automáticamente, superficialmente, como una mera sucesión de acciones y de omisiones que nacieran o se ocultaran "porque sí".

Son tantas y tan variadas las preguntas, que desde este Análisis puede formularse cada futbolista, que renunciar a preguntarse equivaldría a no querer enfrentarse con su propia realidad. O lo que es lo mismo, no querer descubrir el porqué de tantas diferencias y matices mejorables que existen en todos.

En definitiva, no analizarse es conformarse con lo que se es y con lo que se tiene sin estar dispuesto a mejorar. Al llegar a este extremo tendríamos que volver al punto de partida de todas estas reflexiones, a ese "El valor de las diferencias", y que nos evidenciaba que no había alternativa entre el ser creativo y el ser rutinario, vulgar, uno más entre otros que no están dispuestos a esforzarse por ser diferentes y mostrarse como tales.

Análisis sin traumas: Cuando hablamos de reflexión, de búsqueda –otra forma de esta Búsqueda tantas veces aludida-, de aquellas causas que pueden explicarnos el porqué de lo que se hace con éxito o con fracaso, no pretendemos agobiar a los futbolistas obligándoles a un esfuerzo traumático por interiorizar, descubrir y analizar sus vivencias, trabajo para el que posiblemente no todos estén preparados. La reflexión tiene que conducir, lo hemos dicho, a la autoestima, no al desprecio de sí mismo. Si buscamos, analizamos, es para encontrar puntos de apoyo desde donde emerger creativos, diferentes, nuevos.

Los niños, los primeros Analistas: Contra lo que pudiera parecer los niños no rehuyen Analizar sus conductas, si previamente han sido iniciados en la técnica, por lo demás muy sencilla, de preguntarse por las raíces, por las causas, por los porqués de las cosas. Lo que sucede es que a los niños, lo quieran o lo rechacen, les proporcionamos casi todo pensado por nosotros, los adultos, sin dejarles apenas un respiro para que sean ellos quienes se proporcionen algunas claves, al menos, desde donde entender lo que hacen.

Pero una cosa es la enseñanza de gestos, de criterios, de respuestas convenientes para el fútbol, otra cosa es el no eximirle de la búsqueda de soluciones personales –ya lo hemos apuntado anteriormente-, y otra cosa, también distinta, es hurtarle la posibilidad de que se enfrente a sí mismo para encontrarse sin intermediarios, con sus sentimientos, sus razones o sus experiencias.

Si desde un principio el niño acepta su responsabilidad analítica, es decir, el acostumbrarse a someter a revisión sus compromisos futbolísticos por insignificantes que parezcan –el preguntarse, por ejemplo, por qué no le he pasado el balón a un compañero, o por qué ha preferido regatear en vez de tirar a portería-, entonces el fútbol termina por convertirse, para ese niño, en un fantástico campo de experimentación donde sentirse a gusto, suceda lo que suceda.

Enseñar al niño a que reflexione no es optar porque el niño se convierta en un ser introvertido, distante de sus compañeros. Porque insistir en ese análisis es contribuir a que ese niño, al crecer hacia dentro, crezca mejor hacia fuera. Madurar para actuar, porque el análisis bien hecho conduce a la acción, a mejorar todo lo posible. Y a la inversa, la ausencia de reflexión conduce a la inoperancia, a dejarse llevar por lo que sucede en cada momento y que pasa sin dejar huella.

El Análisis del adulto: Supuesta esta pedagogía de la reflexión desde las primeras edades, fácil es deducir que los hábitos creados en los jóvenes futbolistas demandarán luego, en la edad adulta, el mismo ejercicio que tantos beneficios les reportó cuando empezaron a jugar al fútbol.

En estas edades, en las que está presente la competición de forma más o menos profesionalizada, el análisis se impone como fórmula y componente inexcusables de cualquier sistema de entrenamiento. Antes y después de los partidos el futbolista tiene que sentirse como un ser reflexivo, de tal manera que el análisis llegue a convertirse en una obligación, como otras muchas, de su vida. Y no valdrán excusas de cualquier tipo para "reflexionar más tarde", como tampoco valen excusas para no entrenarse a fondo en otras facetas futbolísticas.

No hay peor enemigo para un futbolista que la afirmación repetida de que "hay que olvidarse cuanto antes del fracaso y pensar en el próximo partido". Como si la reflexión sobre los aspectos negativos del juego perjudicara el ánimo del equipo. Cuando es al revés, porque el huir de sí mismos y no atreverse a enjuiciar la realidad del fútbol es lo que lleva al debilitamiento progresivo de la autoestima, de la propia seguridad, que es necesario recuperar cuanto antes.

C) *Modelo a la contra*

Identificamos ahora la descripción del tercer modelo –modo a la contra– con la propuesta "cómo llegar a ser creativo", que es al mismo tiempo pregunta y respuesta.

A modo de resumen de todo lo que venimos diciendo solo nos queda preguntarnos por el papel, la responsabilidad, del entrenador en todo este proceso, como creador de las diferencias. Es evidente que a él le compete ser el elemento primero, activador, de los mecanismos puestos en evidencia en la presentación de los dos modelos anteriores.

No es fácil, ni mucho menos, llevar a buen puerto el proceso creativo en el que deberían estar comprometidos todos los futbolistas, incluso desde los primeros años de su decisión por dedicarse a este deporte. Y no es fácil, porque mantenerse constantes en el esfuerzo por ser creativos exige una firmeza de ánimo, que no siempre va a responder como debiera, y porque este deseo de ser creativo va a chocar con muchas dificultades nacidas sobre todo en lo más profundo de la personalidad de cada futbolista.

5.3.3. La dimensión negativa del proceso creativo

Sin pretender agotar el catálogo de todas las dificultades que se oponen al desarrollo de la personalidad creativa de los futbolistas, hemos seleccionado cinco de esos obstáculos.

En los niños, por ejemplo, puede acentuarse la repercusión de unos determinados obstáculos que en cambio apenas se notarán en los adultos o en los profesionales. Y en sentido contrario, los profesionales manifestarán ciertos hábitos negativos que apenas podrán detectarse en las primeras edades.

Como el compromiso de ser creativos en el fútbol obliga a todos los profesionales –supuesta la libre aceptación de hacer todo lo posible por mejorarlo humana y técnicamente-, pensamos que la descripción de los obstáculos que impiden esa mejora contribuirá a establecer las bases sobre las cuales levantar, más adelante, el proceso creativo en su dimensión positiva.

Esos cinco obstáculos o dificultades, antes aludidos, y que podrían ser considerados como los más significativos, los más problemáticos, en este esforzarse día a día por ser creativos, serían los siguientes:

A) El sentimiento de inferioridad que impulsa a estar pendientes, siempre, de los demás, y que denominaremos la obsesión por imitar a los modelos y temer a los mejores.

B) El rechazo a la complejidad que entraña todo proceso creativo.

C) El autoritarismo con que algunos entrenadores anulan la libertad creativa de los futbolistas.

D) La rutina como actitud acomodaticia que se opone a los cambios necesarios.

E) La indiferencia o la pasividad ante el compromiso o el reto personal de la mejora.

A) La obsesión por imitar a los modelos y temer a los mejores.

Es lógico pensar que en las primeras edades, allí donde los niños despiertan a la práctica del fútbol, los modelos, es decir, los mejores futbolistas, absorban la atención de los niños hasta convertirse en un ejemplo permanente de cómo golpear el balón, de cómo moverse por el campo, de cómo rematar a portería, y hasta de cómo vestirse o cómo peinarse.

Siempre ha existido, y seguirán existiendo estos modelos que imitar y no sólo en la vida futbolística. La historia está plagada de vidas ejemplares, unas veces con razón, otras veces por imposición interesada, que a fin de cuentas han sido presentadas como si fueran espejos en los que mirarse a diario.

De esta forma, los niños se van a encontrar con dos tipos de aprendizaje: por una parte atenderán a las lecciones que les imparten sus entrenadores, y por otra parte estarán pendientes de esas otras lecciones que les brinden sus ídolos a través, por ejemplo, de las retransmisiones por televisión o por la observación directa de los partidos o de los entrenamientos. Esta doble fuente de aprendizaje podría hacernos reflexionar sobre algunas cuestiones que se relacionan directamente con el primer obstáculo a la creatividad:

- → ¿Hasta qué punto las lecciones de sus entrenadores influyen en los niños, más o menos, que las lecciones de sus ídolos?
- → ¿Hasta qué punto la influencia de los modelos sobre los niños les anula las posibilidades de ser ellos mismos, es decir, de desarrollar sus cualidades creativas, al estar pendientes, embobados, esos niños, de lo que realizan sus ídolos?

Valoramos como elemento primordial del aprendizaje en el fútbol la personalidad del niño, con sus logros y sus errores, y no la personalidad de sus ídolos por muchos aciertos de los que esté revestida. Es decir, que pensamos en primer lugar en las respuestas del niño, aunque sean erróneas, y que pensamos en segundo lugar en las lecciones, más o menos sabias de sus modelos. O dicho de otra manera, que preferimos la iniciativa de los niños, su personal búsqueda de soluciones, que no la repetición, por muy acertada que fuera, de los gestos de los modelos.

Si esta fijación por estar pendientes de lo que realizan los demás se llevara al terreno de los futbolistas adultos, nos encontraríamos no tanto con la imitación de los modelos, que es más propia de los niños y de los jóvenes, como con la realidad de los planteamientos tácticos de quienes piensan más en el estilo de juego del equipo oponente que en el de sus propias características. Y si esto es así, tampoco en este supuesto se daría ni un ápice de creatividad.

En resumen, esta obsesión por imitar a los modelos o temer a los mejores –decimos obsesión no forma legítima de tenerlos en cuenta a todos ellos-, manifiesta ese sentimiento de inferioridad que impulsa a preocuparse antes de los otros que de uno mismo.

B) El rechazo a la complejidad

El proceso creativo, toda esa suma de pasos que configuran la categoría creativa, genial, modélica, de los futbolistas y de los equipos, es muy complejo. Por eso, renunciar a esta evidencia y refugiarse cómodamente en un simplismo erróneo, por aquello de que el fútbol es fácil, representa un serio obstáculo para la mejora de todas las facetas del juego.

Jugar al fútbol -no simplemente golpear el balón-, es difícil; jugar bien al fútbol, creativamente, espectacularmente, es muy difícil y la superación de estas dificultades entraña una complejidad que a nadie debería ocultársele, ni a los niños que empiezan a jugar al fútbol, ni a los adultos que han hecho del fútbol su profesión.

Pero hablar de complejidad en el fútbol no es hablar de fórmulas tácticas rebuscadas, ni de multiplicar los esfuerzos inútilmente, ni de fomentar falsas expectativas de triunfo que excedan las características de un equipo, ni de enredarse en un sinfín de deudas económicas por fichajes inútiles.

Hablar de complejidad en el fútbol es reconocer que el ensamblaje de los elementos que intervienen en la puesta en marcha de un equipo supone un trajín mayúsculo tanto empresarial como gerencial y deportivo -no digamos nada del humano que afecta a los individuos y al grupo-, que nada tiene que ver con la sencillez o la superficialidad.

Si encima hablamos de la gestación sobresaliente de un fútbol creativo comprenderemos que la complejidad se acrecienta hasta casi lo indecible. Podríamos apuntar algunos de los componentes que definen esta complejidad y descubriríamos, con más detalle aún, esos índices de dificultad a los que aludimos. Serían estos:

- Ser creativo desde un concepto global del juego que aglutinara todas las respuestas de los miembros de una plantilla.
- Ser creativo, cada jugador, en su intento por expresarse futbolísticamente al máximo de sus posibilidades.
- Ser creativo no obstante las tensiones de todo tipo que presiden los calendarios deportivos durante una temporada.
- Ser creativo lo mismo a favor que en contra de los resultados que se vayan obteniendo.
- Ser creativo lo mismo en los comienzos de la preocupación o las ganas por jugar al fútbol, que cuando se ha conseguido un fichaje económicamente bien remunerado, que al final de la vida profesional.
- Ser creativos, cada uno en su medida, los distintos cuerpos técnicos que avalan con su trabajo las distintas facetas de la preparación de los futbolistas, médicos, preparadores físicos, fisioterapeutas ...

Si ser creativo es ser capaz de inventar proyectos de vida y aportar soluciones válidas a esos proyectos, inventar en nuestro caso el fútbol a cada momento, viviéndolo en su circunstancia concreta -su espacio y su tiempo de juego-, y actualizándolo en cada movimiento que se realiza -en su toma constante de ideas y de decisiones-, es evidente que no resulta nada fácil ser creativo.

C) El autoritarismo que anula la libertad creativa

La palabra autoritarismo, en el sentido común de las personas, es una deformación lingüística del término autoridad. Hablar pues de autoritarismo es hablar de todo tipo de abusos que provienen de la interpretación torcida del concepto de autoridad, y es negar, consecuentemente, la importancia, el sitio, que la autoridad y la disciplina, deben ocupar en un equipo de fútbol.

El autoritarismo rompe la estructura interna de cualquier grupo humano y pone en tela de juicio la jerarquía de valores que a su vez hace posible la dinámica, la vida misma, de esos grupos humanos entre los cuales, destacamos aquí, los equipos de fútbol.

No basta, por ejemplo, el que la directiva de un club haya nombrado a un entrenador para que automáticamente se cree una aceptación incondicional hacia su persona y su trabajo de parte de los miembros que constituyen la plantilla. El entrenador se hará creíble y será aceptado si su designación al frente del equipo se asienta en su autoridad entendida como categoría humana y técnica y no en la imposición autoritaria con que pretendiera hacerse notar. Y si poner en funcionamiento un equipo de fútbol es bastante más complejo de lo que algunos afirman, hacer posibles sus respuestas creativas, desde posturas autoritarias, es tarea de todo punto imposible.

El autoritarismo conduciría a la despersonalización del futbolista a quien no le quedaría otra opción deportiva que la del sometimiento a las disposiciones del entrenador. Quedaría así paralizado para tomar cualquier decisión que él creyera oportuna para solucionar, durante el partido, cualquier emergencia. De ahí a la figura del deportista «robot» solo hay un paso.

Un futbolista, que por encima de cualquier otra consideración, es un ser humano, debería gozar siempre de la libertad necesaria para decidirse, y en consecuencia decidir, a ofrecer lo mejor de sí mismo en favor del equipo.

Por otra parte, y para que no queden dudas a este respecto, la libertad creativa del futbolista no tiene por qué estar enfrentada a la autoridad de su entrenador, como si se tratara de mantener un pulso entre quienes juegan al fútbol y quienes ostentan la responsabilidad, entre otras preocupaciones, de mantener la disciplina del equipo.

Es absurdo que unos y otros se disputen el protagonismo en el fútbol por la sencilla razón de que todos son necesarios, cada cual en el papel relevante, creativo, que responde a su función específica, jugar y dirigir. Los momentos en que se realiza esa dimensión creativa son distintos, pero nadie en su sano juicio tiraría piedras contra su propio tejado pretendiendo usurpar las parcelas creativas, protagonistas, incluso espectaculares, que corresponden a cada uno.

El autoritarismo ni siquiera encontraría su sitio en las primeras edades, con los niños, por aquello de que el aprendizaje, o la corrección, o la orientación, tienen que manifestarse de una forma más directa. Ya hemos apuntado, en otras reflexiones, que también los niños requieren el reconocimiento de sus iniciativas como parte fundamental de su iniciación al fútbol. Y no por esto van a reclamar verse libres de la autoridad de sus entrenadores.

Que no resulte fácil distinguir en algunas situaciones concretas autoridad y autoritarismo -otro ejemplo de la complejidad en el mundo del fútbol-, no significa que la definición de los campos que abarcan estos dos conceptos, humana y técnicamente, no esté claramente delimitada.

D) La rutina que se opone a los cambios necesarios

El cuarto obstáculo que se opone a la creatividad en el fútbol se hace patente en la actitud acomodaticia de quienes rechazan los cambios, siempre y cuando conduzcan a las respuestas más creativas. Esta actitud conformista desemboca en la rutina como forma habitual de comportarse y si se llega a este extremo será imposible construir un fútbol mínimamente creativo.

No se trata de cambiar por cambiar, como si los reajustes o las modificaciones tuvieran la virtud de mejorar el estado actual del equipo. Los cambios se imponen, a veces, como la única respuesta hacia la creatividad allí donde la rutina esté matando cualquier salida original que conduzca al resultado apetecido.

Es lógico que con los años, tanto los futbolistas como los técnicos, se sientan cómodos en sus propias convicciones y no admitan su urgente y necesaria puesta a punto, su actualización, que exigirá, también lógicamente, un cambio radical en su manera de entender el fútbol.

Para integrarse, para relacionarse creativamente, con todo el potencial creativo que ofrezcan los demás integrantes del equipo, un futbolista se verá obligado, en ocasiones, a transformar, a cambiar, sus puntos de vista sobre su manera anterior de jugar al fútbol. Y este cambio de mentalidad, o de actitud, puede suponerle un esfuerzo al que no deberá negarse pues está en juego la buena marcha del equipo.

La negativa al cambio puede provenir de múltiples razones: por pereza, por el paso de los años, por ·el temor al fracaso, por miedo a la incógnita que supone experimentar otra forma de entender o de practicar el fútbol, por incapacidad de adaptarse a las nuevas exigencias que imponen ·los resultados o los nuevos entrenadores, por no entender lo que se quiere de ellos ...

Cualquier equipo, cualquier futbolista, que quiera mantenerse a la cabeza de los mejores en la competición, tendrá que familiarizarse con el cambio, como una de las opciones más frecuentes en su vida. El simple cambio de un entrenador -cuántos cambios a lo largo de una vida profesional-, ya supondrá una cadena de modificaciones que deberían aceptarse cuanto antes y de la mejor manera posible.

Tampoco hay que extrañarse de la reticencia con que algunos futbolistas reciben la imposición de esos cambios, aun sabiendo que son necesarios. La costumbre de haber actuado de una manera determinada durante un cierto tiempo otorga un cierto margen de seguridad que se opone a la incorporación de nuevas formas de entender el fútbol. Se prefiere la rutina de lo conocido a la novedad de lo desconocido, y en estos casos el entrenador deberá demostrar su talante creativo, dialogante y razonador entre otras cualidades, para llevar a cabo sus propósitos.

No suele plantear este cuarto obstáculo, el de la rutina, ningún problema digno de mención, en las primeras edades, cuando los entrenadores muestran ante los niños los cambios nuevos, variados, cambiantes casi de continuo, para atender a todos los planteamientos del fútbol moderno. El niño acepta el reto de lo distinto, lo nuevo, como una necesidad a la que se acoge con pasión, también renovada. Es más, si los niños advirtieran que su entrenador se acoge a la rutina para imponer sus sistemas de entrenamiento, rechazarían esos métodos y se alejarían del fútbol.

E) La presión de la indiferencia o la pasividad

El último obstáculo del que vamos a hablar y que dificulta la creatividad de los futbolistas, estaría en la indiferencia ante su obligación, como profesionales, de su perfeccionamiento o mejora continuos.

La renuncia a ser mejor, más creativo, no representa un caso raro en el panorama futbolístico, puesto que es una respuesta, común también, en otros aspectos de la vida. Una vez logradas, por ejemplo, unas metas determinadas, sean económicas o meramente deportivas, el futbolista desiste de atender a su progreso continuo y se limita a «mantenerse en forma», a un buen pasar, a permanecer pasivo y seguir disfrutando de su situación privilegiada.

Frente a esta pasividad que afecta a todo el modo de ser y de expresarse del futbolista, emerge la figura del insatisfecho que no está de acuerdo con los éxitos conseguidos hasta el momento y que aspira a dar de sí mismo mucho más. Insaciable, dentro de su profesión, sigue entrenándose con la ilusión del primer día, no se duerme en los laureles, y anda siempre detrás de otras respuestas, lo más creativas posibles, sin importarle el riesgo o la dureza de esa nueva intentona.

De todas formas, como ser profesional del fútbol no quiere decir haber alcanzado la plenitud, es incomprensible la renuncia a ser mejor, a no ser que pongamos en duda la afirmación de que esa persona llamada futbolista no es, en verdad, un profesional.

5.3.4. La dimensión positiva del proceso creativo

Hemos elegido resaltar así esta visión del compromiso del futbolista porque entiende que todos los futbolistas, como todos los demás seres humanos, pueden y merecen ser creativos. No importa la edad que tengan (infantil, juvenil, senior), ni el grado de exigencia que defina su compromiso deportivo (el de un aficionado o el de un profesional), ni los objetivos que fijen sus equipos (por poner unos ejemplos: ascender de categoría o participar en alguna de las competiciones europeas).

En cualquiera de estos supuestos el futbolista está llamado a comparecer ante los aficionados y ante la crítica, como éticamente responsable de la realización ejemplar de un cometido técnico, es decir, como intérprete, lo mejor posible, del fútbol que practica. De lo contrario estaría mintiéndose a sí mismo y escamoteando las expectativas que se crean sobre su conducta pública, ya que en torno a ese fraude deportivo están en juego el buen nombre de su equipo al que pertenece, el fútbol entendido como fenómeno social deportivo que le acredita como su representante, y su propia categoría personal.

El ser creativo, opuesto, a todo tipo de rutinas, perezas y pasividades, obliga tanto a los futbolistas como a sus entrenadores, por lo menos a buscar -lo deseable sería encontrar el método- las respuestas y los resultados convincentes para que ese reto de lo creativo, lo nuevo, lo distinto sea algo más que una fórmula ilusoria.

Y en eso estamos, en sugerir modos y momentos, sobre los que fundamentar la base de un fútbol cada vez mejor. Propuestas todas ellas, y todas las que a su alrededor surjan, que habrán de ser entrenadas, contrastadas, día a día, porque no existen consignas mágicas que con solo ser pronunciadas obtengan los resultados creativos deseados.

Partimos del supuesto, como en cualquier aspecto de la vida, que todos somos perfectibles, que nadie lo sabe todo, que el futbolista, como ser humano que es, nunca está terminado del todo. Y frente a esta debilidad o imperfección, en unos más acentuada que en otros, por ejemplo, en sus aspectos físicos, o en sus aspectos técnicos, o psíquicos, lo que corresponde a todos es inventar proyectos, o lo que es lo mismo, posibilidades inteligentes de futuro, que convertidas en práctica habitual les permitieran realizarse, por de pronto como menos débiles, y luego como más cercanos a la perfección proyectada.

Bien es verdad que aún nos quedaría por resolver una pregunta cuya respuesta marcaría los contenidos del entrenamiento: ¿De verdad quieren los futbolistas, o los entrenadores, ser creativos? O dicho de otra manera, ¿están dispuestos unos y otros, a someterse a los dictados de un entrenamiento que desterrará los obstáculos a la creatividad y que imponga las exigencias éticas que conducen a la transformación creativa de quienes integran el equipo? Aún más claro, ¿se asumirían las consecuencias, el régimen de vida intenso en todos los órdenes, que la intensidad de ese tipo de trabajo comporta?

Es necesario lograr un sí rotundo, entre todos, a ese reto de apostar, por encima de cualquier pronunciamiento, a favor de la calidad futbolística; analizar al mismo tiempo los recursos de que se disponga para encauzarlos científicamente al logro de ese deseo; creer finalmente en lo que se está llevando a cabo, aunque los resultados inmediatos evidenciaran lo contrario.

Ser creativo no es producto de la genialidad de un instante fugaz, sino de un porvenir que se asocia a la potenciación dinámica de los recursos humanos y técnicos de cada uno.

Potenciación que nace en el tiempo del entrenamiento, como ya propusimos en el apartado (3.2.1. Los retos de la docencia), y que, poco a poco, nos va proporcionando dos tipos de respuestas indispensables para consolidar el proceso creativo: la *racionalización* de los datos obtenidos y la *vitalización* de sus resultados:

Racionalizar quiere decir consignar, llevar la cuenta de, todos los resultados que se vayan obteniendo a lo largo de las sesiones de los distintos entrenamientos diarios y que se traducirán luego, mediante la reflexión científica del entrenador, en datos objetivos, mensurables, numéricos.

Vitalizar quiere decir insertar en la manera de ser de cada futbolista, de cada equipo, toda esa suma de datos que pasarían, así, de ser una formulación objetiva, tal vez fría, a una apropiación subjetiva, personalizada, íntima. Y este darse cuenta, cada uno, de sus logros, estimularía la corrección de sus deficiencias, al tiempo que le daría alas para transformar sus viejas actitudes en modos nuevos, más perfeccionados, de encarar los compromisos futuros.

Cuando el futbolista supere las tensiones de la competición, cuando descubra dentro de si las fuerzas necesarias para responder a planteamientos del equipo contrario, cuando se vea precisado a improvisar un gesto definitivo, cuando nadie más que él pueda resolver en el campo una situación agobiante, entonces caerá en la cuenta de la consistencia competitiva de que está dotado y que no es otra cosa que el resultado de un progresivo acopio, vía entrenamiento, de todas las actitudes creativas que le permiten, psicológicamente, responder como es debido.

No es cuestión, ahora, de reseñar todas esas actitudes creativas que hacen posible la firmeza interior de un futbolista, pero sí citaremos, a modo de ejemplo, tres de ellas, aunque por el momento no las desarrollemos como se merecen.

La actitud de apoyo nos habla de un talante, traducido luego a la competición cotidiana, de una participación múltiple de cada futbolista que atendería tanto a los aspectos defensivos como ofensivos del juego. La solidaridad concreta que se exigirá de continuo en los planteamientos tácticos del juego sólo será viable merced a esa actitud de apoyo, que es a la vez recurso necesario, casi automático del entramado futbolístico, y respuesta creativa sin la cual un equipo no acertará a superar sus rutinas.

Esta actitud, fundamentalmente humana, que rompe todo egoísmo, necesita ser alimentada a diario, en el entrenamiento, porque no se debe suponer nada en el sentido de que es lógico que todos los futbolistas se apoyen mutuamente durante los partidos, ¿o es que acaso el fútbol no es un deporte de equipo? Una cosa es la teoría que establece un sentido común de comportamiento, y otra la realización práctica de esa formulación teórica que una y otra vez deberá ser puesta a prueba, previamente, en el entrenamiento, como garantía de que en el futuro renacerá más viva.

Actitud ésta que deriva directamente de otra aún más íntimamente vinculada con el quehacer futbolístico que es la actitud de relación.

Si el fútbol, de presente y de futuro, camina por los derroteros de un concepto de juego total de apoyo, es fácil concluir que sin este trabajo a favor de las actitudes creativas convergentes de todos no se obtendrán resultados satisfactorios.

La actitud, que llamaremos de adaptación, constituiría la segunda muestra de nuestra cita. Adaptarse evidencia, sin duda alguna, el grado de inteligencia de cada persona que acierta a saber dar a cada momento de su vida la respuesta cabal conforme a sus posibilidades. Adaptarse supone atreverse a ser consecuente con uno mismo, sin reservarse por miedo, ni tentar lo imposible por autosuficiencia desmedida. Adaptarse es obligación personal de cada futbolista que se ofrece al equipo y es obligación del equipo que concuerda con las posibilidades de cada uno de sus integrantes. Difícil equilibrio que es preciso entrenar a la búsqueda de las mejores y más nuevas respuestas de todos.

Y si de apoyo y de adaptación venimos hablando, es lógico que añadamos aquí la tercera de las actitudes a las que es preciso aludir, aquella que generosamente ofrece cada futbolista a todos los técnicos para facilitarles su tarea y a todos sus compañeros para sumar esfuerzos, y que rompe el conformismo en que pueden, a veces, verse inmersos los equipos cuando no llegan los resultados apetecidos.

Actitud que como las otras dos no nace espontáneamente sino que requiere, en primer lugar, una cuidadosa reflexión sobre lo que cada uno es, lo que le falta, y lo que necesita, y en segundo lugar, sobre lo que puede y debe entregar a los demás dentro de la racionalización y vitalización de esfuerzos ya citadas en otro apartado.

De esta forma podríamos ir creando esa personalidad débil a veces, otras veces fuerte, de los futbolistas, con la vista puesta en el logro de unas actitudes que centrarían su eficacia a lo largo del entrenamiento, desde un primer paso cuando se prevén las condiciones y las necesidades en que van a desenvolverse esos experimentos, trabajos y aprendizajes, hasta el momento final cuando se realizan y concluyen todas las pautas que definen el programa establecido.

Insistimos en la dimensión de continuidad, de proceso de maduración, de exigencia nunca rendida, que debería caracterizar a todo proceso creativo cualesquiera que fueran sus contenidos. Todos los días, todas las sesiones, presididas por la misma urgencia, la misma preocupación, por encontrar las fórmulas que condujeran a la mejora de los futbolistas, dispusiéramos o no, inmediatamente, de los resultados apetecidos.

La creatividad, o el ser creativos, no entiende del buen humor del momento por aquello de que las «cosas están saliendo tan bien como queríamos». La garantía de que el proceso conducirá a los resultados positivos no se revelará en todos los momentos de la competición, ni siquiera en todos los momentos que jalonan ese entrenamiento. Hay que apostar a largo plazo mientras que se disponen adecuadamente, eso sí, todos los pasos intermedios.

Los técnicos entrenan bien, creativamente, para que más tarde la competición no sorprenda a los futbolistas sin recursos de ningún tipo.

Distinguiríamos tres aspectos en este aprendizaje creativo: el talante creativo, la fase selectiva y el tiempo de reposo.

En primer lugar, el talante creativo, como actitud, de un técnico y de un futbolista empieza a madurar y a ser efectivo cuando esos protagonistas del entrenamiento se hacen todo tipo de preguntas, a cuál más original, a las que ofrecer respuestas inmediatas. Es decir, la originalidad nace siempre de una pregunta y este tiempo de información despertará en unos y en otros la ocasión propicia para dar a entender la respuesta de mayor calidad.

La segunda toma de contacto del futbolista con su oportunidad creativa viene marcada por la fase selectiva del entrenamiento, cuando se escogen todas aquellas informaciones, no todas es evidente, que a partir de la primera fase se han ido amontonando en torno a lo que se prevé como más creativo. Es un momento muy crítico que obliga, antes que a nadie, al entrenador, que tendrá que llevar adelante sus proyectos no obstante las dificultades que vayan surgiendo.

De nuevo se impone la faceta laboral, de trabajo, de la que hemos hablado, porque podría aceptarse cualquier solución con tal de no tener que seguir pensando. Ante el presumible acervo de datos, proporcionado por la primera fase, más de uno preferirá no seguir probando, contrastando, entrenando en una palabra, y por el contrario sentirse satisfecho con algún tipo de soluciones más o menos convincentes.

El futbolista, que busque su mejora, su aportación creativa, no se quedará a gusto sin haber comprobado la calidad de todas las respuestas allí concitadas. En esto consiste el talante creativo, en no aceptar lo bueno sino lo mejor, en rechazar las prisas que pueden convencer a primera vista, pero que no tienen en cuenta todas las posibilidades tanto personales como de grupo.

En un tercer eslabón del entrenamiento destacaríamos el reposo que conduce a la maduración de las experiencias vividas hasta ese momento. Como no todos los futbolistas podrán asimilar las dos primeras fases de ese entrenamiento con la misma presteza y garantía, será necesario imponer un tiempo que sedimente todas las nociones o respuestas trabajadas. Así se comprobará si la vivencia de la que hablábamos antes, la vitalización de los datos propuestos, resulta efectiva.

No todos los futbolistas responderán creativamente al mismo ritmo y resultaría perjudicial para todos instaurar, dentro del equipo, un desequilibrio vital deportivo que por fuerza daría al traste con todos los esfuerzos por ser creativos. Por otra parte es un buen momento para introducir, en la dinámica del equipo, los comentarios oportunos, el intercambio de pareceres, la crítica ante todos, que comunicativamente acerque los sentimientos y las ideas con que unos y otros van viviendo sus experiencias.

Aún es posible, en un nuevo eslabón del entrenamiento, y antes de pasar a las fases siguientes, introducir las sugerencias que sin romper la trayectoria del programa del entrenamiento diera cabida a las nuevas ideas, si las hubiera, de los futbolistas. Todos se sentirán más creativos, y desde luego más partícipes del proceso creativo, si saben que tienen cabida sus indicaciones aún a riesgo de tener que innovar, trabajar de nuevo, aquellas respuestas que en un momento dado se dieron por creativas.

El proceso creativo del que estamos hablando no tiende exclusivamente a perfeccionar algunos aspectos humanos o técnicos, de los futbolistas, cualesquiera que fueran sus edades, su sexo o sus compromisos competitivos.

El término de todo este caminar hacia la mejora –el reto de la excelencia- es la consecución de otro tipo de persona, equilibrada en su proceder humano-técnico, más responsable en la toma de decisiones y con un notable sentido de equipo, que reafirma su pertenencia al grupo.

Lejos queda así el individualismo que atrofia el rendimiento de todos y el posible uso de unos tiempos deportivos que habrían propiciado éxitos, ya imposibles. No todo lo mejorable estará siempre conseguido, es verdad, pero el deseo y su puesta en práctica, de acercarse lo más posible a ese tipo es lo que nos permite calificar al fútbol de juego limpio, y no únicamente por la ausencia de actos violentos.

Un concepto de juego limpio humanizador que es lo mismo que afirmar que se apuesta por dignificar éticamente cuanto acontezca en el fútbol.

Tercera parte:

Tiempo añadido

Concluido el desarrollo de los capítulos precedentes, nos quedan aún unos cuantos asuntos por resolver de manera particular. Es como si no hubiéramos prestado suficiente atención a estas nuevas propuestas que debieron ser tratadas en su momento y alojadas en sus capítulos correspondientes. Por ello, solicitamos un tiempo extra, un tiempo añadido, que nos permita subsanar posibles silencios o incorrecciones.

Las consideraciones que presentamos en este tiempo añadido no modifican lo dicho anteriormente, sí, en cambio, aportan otras perspectivas desde las que contemplar el fútbol como juego limpio.

Es un tiempo añadido que debería, tal vez, haber formado parte del tiempo ordinario de juego y que ahora, el lector de estas páginas podría incorporar al capítulo que le apeteciera. Incluso este tiempo podría haber dado lugar a la redacción de un nuevo libro, pero ésta es otra de esas preguntas que entran a formar parte de los trabajos posibles pero que no siempre "pasan de las musas al teatro".

El tiempo añadido es tiempo de juego y por ello mismo debería ser también juego limpio. No hay argumentos posibles que permitieran una interpretación más laxa de las acciones antirreglamentarias. Ni el posible cansancio acumulado hasta entonces, ni el grado de ansiedad que presidiera el fútbol en esos momentos justificarían el juego sucio.

Añadir tiempo de juego, y tiempo de escritura, es permitirnos evidenciar que, no obstante las tensiones que se acumulan cuando ya está cercano el final imprevisto del juego y las palabras, aún permanece vivo el deseo de que la competición futbolística constituya, entre otras realidades, un momento humanizador en la vida de quienes amen este deporte.

1. SUCESOS IMPREVISTOS O LA SEGURA INSEGURIDAD

El fútbol como fenómeno humano y como suceso deportivo es, entre otras percepciones posibles, incertidumbre hasta que el tiempo de juego pone fin a su puesta en acción. La incertidumbre, provocada por el flujo constante de los aciertos y de los errores, origina inseguridad, dicho esto en términos generales, sin las matizaciones que a continuación propondremos. Inseguridad que viene a ser el polo opuesto al equilibrio del que hemos hablado en el (Capítulo 4 de la segunda parte, en su apartado 4.1.).

Se entrena para ganar, se compite para ganar. Este es, en teoría, el criterio que avala cualquier tipo de esfuerzo y que conforme a la limpieza ética del juego preside el quehacer del futbolista. Se vive a diario el deseo, más que la certeza, de un resultado seguro y satisfactorio. Pero no deja de estar presente el miedo por no alcanzar el objetivo anhelado.

No resulta fácil convivir con la incertidumbre, con la inseguridad –compañera inseparable de la profesión futbolística-, de que pudieran ser vanos todos los esfuerzos comprometidos con la realización eficaz de los mejores deseos.

¿Lo que estoy haciendo tendrá su merecido? ¿Será suficiente el bien hacer de uno o de varios futbolistas si no se cuenta con el trabajo de todos? ¿Tiene sentido, a la postre, un trabajo bien concebido y ejecutado si no logra el resultado que se apetecía? ¿Convence a todos el caminar acertado aunque no consiga la meta?

Son preguntas que nunca dejarán de estar presentes en el fútbol, como tampoco lo están en cualquier tiempo y espacio de la vida.

Somos, estamos y hacemos en medio de la no certeza del futuro. Y la más incuestionable certeza es la de admitir esa inseguridad que, por otra parte, no debería constituir un obstáculo para encauzar, lo mejor posible, los pasos intermedios que, al menos teóricamente, desembocarían en el triunfo deseado.

La segura, cierta, inseguridad, no es algo imprevisto, porque se cuenta con ella, se asume como otra de las reglas del fútbol y también se entrena. Forma parte, desde el punto de vista psicológico, del equilibrio humano que fortalece el compromiso del futbolista, y desde el punto de vista ético, de la solicitud o exigencia de ser mejor, de reconocer el valor de seguir intentándolo, no obstante, la imposibilidad de acertar siempre.

2. PRECOCES A DESTIEMPO O LA PACIENCIA EN ENTREDICHO

Si la inseguridad por la obtención del éxito acompañaba al desarrollo de la competición, las prisas por incorporarse al mundo profesional desde los años más jóvenes es otra de las constantes en el fútbol. Otra vez el deseo se desentiende de la realidad y rechaza la aparente y nociva lentitud del aprendizaje que precisa, eso sí, la madurez de cualquier futbolista.

Se pierde el tiempo –eso dicen los apresurados que olvidan los años que cuesta hacerse apto en cualquier oficio-, y se inventan ellos una serie de atajos por donde llegar a esa cumbre deseada.

Hay excepciones -¿dónde no las hay?- que parecerían avalar la existencia de futbolistas en edades precoces que no han vivido largos tiempos de aprendizaje. Pero las excepciones no configuran ningún modelo de vida por lo que se refiere a su integración en el mundo adulto del fútbol. Existen y existirán las diferencias que serán admiradas, pero que no justificarán ser copiadas artificialmente.

Estamos hablando de la formación integral de unos aspirantes a futbolistas profesionales, no solo de la adquisición de habilidades técnicas propias del fútbol. ¿Alguien duda de que requiere mucho tiempo la conformación equilibrada de toda la estructura humana de cualquier deportista? ¿Solo el deseo construye en cada individuo lo mejor de sí mismo? ¿Lo construye rápidamente? Basta con mirarse cada uno hacia dentro de sí mismo para que evidencie lo que le ha costado llegar a ser lo que es y lo que le falta para llegar a ser lo que desea.

Podría suceder que los que procuran acortar los tiempos de formación de esos futbolistas en ciernes creyeran que una vez ingresado en la competición profesional ya lo habrían conseguido todo. Pero esa llamada formación no es más que un eslabón de la formación auténtica que no cesa en ningún momento.

La precocidad será un punto de partida, un fundamento, una revelación de calidad indiscutible, un acierto de la naturaleza admirable, pero insuficiente de por sí para sostener, de forma duradera, la eficiencia a diario de un profesional. Los genios que merezcan tal nombre, han sido, también, modelos en su trabajo constante de perfeccionamiento.

3. PENSAR, UNA NECESIDAD NO SIEMPRE SATISFECHA

El fútbol es acción –lo es cualquier deporte- y la urgencia de estar pendiente, cada futbolista, de lo que hace puede oscurecer otra de las necesidades que implica la competición, y es el pensar. No se gana con sólo pensar, es evidente, pero tampoco se gana, ni se compite, sin pensar.

Es verdad que la rapidez con que se desarrolla el juego impulsa al futbolista hacia una precipitada toma de decisiones. Unas décimas de segundo propician la consecución de un gol o el fallo que no lo permite. Como el tiempo de juego es escaso y más escasas aún las oportunidades de que dispone el futbolista de entrar en acción directa con el balón, la obligación, la necesidad de pensar acerca de lo que resulta más oportuno llevar a cabo se diluye entre tanta premura. Por otra parte, si no se piensa deprisa, el jugador oponente no permitirá que la acción técnica pensada se realice.

No se trata de elegir entre pensamiento y acción, entre la mente y el músculo. Es imposible disociar –sí, se discute en clave de eficiencia competitiva-, las dos opciones propuestas. En cambio su conjunción potenciará al máximo las respuestas del futbolista.

Este pensar del que hablamos supone que ya, desde los primeros pasos que el niño da en el fútbol, se impone pedagógicamente hablando, que se le enseñe a reflexionar sobre los porqués de cuanto se está realizando. El niño debe entender las razones que le induzcan a emprender un determinado número de acciones y que no es el "porque sí", que se obedece sin rechistar, el criterio que justificará luego tanto sus éxitos como sus errores. De ahí nace su responsabilidad y su autocrítica cuando ya todo haya concluido.

Los niños educados conforme a ese pensamiento creativo despertarán dotados en su edad adulta -ya profesionalizados- con una sorprendente capacidad para discernir lo mejor de cada situación para ponerlo en práctica. Hay que pensar mucho durante el transcurso de un partido para aprovechar, sin equivocarse, cuantas ocasiones de acierto se presenten. Futbolistas que piensan concentrados en el juego suplen sus otras carencias o potencian sus mejores recursos.

Titulábamos este apartado "una necesidad no siempre satisfecha" porque algunos se fían de los automatismos repetidos muchas veces, para solucionar cualquier tipo de incidencias que vayan surgiendo en un partido. Pero ante el juego, que es impredecible en sus idas y venidas ¿cómo salir al paso de esa incertidumbre si la mente no está dispuesta para encontrar soluciones no entrenadas, que se escapan de las rutinas aprendidas?

Enseñar a pensar es fortalecer esa seguridad en sí mismo que, en el momento preciso, acierta a dar buena cuenta de aquellos imprevistos de los que hablábamos al comienzo de "este tipo añadido".

4. CONDICIONANTES INVISIBLES, MUY VISIBLES

Acabamos de afirmar que el fútbol es acción y como tal actividad debe tener muy presente esa -podríamos decir retaguardia del pensamiento- que la fortalece y estimula. No todo en el fútbol se manifiesta, se hace visible, aunque a veces -sorprendentemente muchas veces- el juicio sobre sus acciones técnicas, físicas o tácticas, se quede enredado exclusivamente en ellas.

Pero el mundo invisible, no solo el pensar, existe en el fútbol y determina, aunque los no entendidos no lo perciban, muchas de aquellas acciones que por su naturaleza llamamos visibles. Nos referimos al entramado de relaciones humanas que sostiene esa realidad deportiva que conocemos como equipo.

Hay mucha vida y muchas vidas, en el interior de ese grupo humano. Una plantilla no es un producto futbolístico homogéneo que se activara movido por un resorte, todos a una. La unión de todas las acciones nace de un entrenamiento bien concebido que acierta a identificar criterios desde la diversidad.

No se anulan las opciones personalizadas que interpretan el juego desde distintos puntos de vista. Colaboran libremente, unas y otras, en la persecución y logro de un mismo resultado. Se trata de conciliar los mundos invisibles de cada jugador -sus deseos, sus alegrías, sus ganas, sus decaimientos, sus secretos- para que su manifestación, la forma de jugar -su mundo invisible- se muestre convincente.

Se llame como se quiera a este intento de aglutinar lo invisible con lo visible -dinámica de grupos, dirección de equipos, equilibrio psicofísico- para que no se pierda ningún esfuerzo, estamos ante una evidencia no siempre entendida, que el futbolista es ante todo un ser humano, una persona de estructura compleja, tanto en su apreciación singular como en su afinidad grupal, de equipo.

5. LA FUERZA DEL SÍ, LA FUERZA DEL NO

Es obvio que la toma de decisiones en cualquier deporte dependerá siempre de un "sí" y de un "no". De un "sí" que acepta decidirse por una acción determinada y de un "no" que se abstiene de tomarla. Es un "sí" que quiere. Caminan juntos y hay que atreverse a emplearlos conjuntamente.

Proponemos algunas preguntas ¿le resulta fácil a un entrenador decir que "no" a unos jugadores que ni siquiera van a ir convocados para un próximo partido? ¿Todos los futbolistas distinguen claramente en décimas de segundo, la oportunidad del "sí" y del "no? ¿Qué mueve a unos y a otros a titubear o a mostrarse decidido? Cualquiera que sea la opción preferida, un partido por ejemplo, no es sino la suma constante de esas dos alternativas.

Como sucede en el mundo de cualquier deporte en equipo la instantaneidad de cualquiera de esas decisiones compromete el quehacer de todo el equipo. De ahí que corresponderá a los entrenadores dotar a sus jugadores de la máxima seguridad en la ejecución de sus acciones técnicas. Los fallos existen como resultado incluso de una elección acertada –una pena máxima bien ejecutada y a continuación parada por el portero-, pero esos fallos no deberían existir como resultado de una duda permanente.

Es evidente que si al futbolista se le concede la libertad para decidir –rechazamos la figura del futbolista-robot- forzoso será que se le entrena para el uso correcto de las opciones del "si" y del "no". Y más urgente aún esta preparación si en un partido se multiplican aquellas situaciones imprevistas de las que hablábamos en el primer comentario de esta tercera parte del libro.

6. LOS RINCONES DE SEGURIDAD O EL MITO DE LA POLIVALENCIA

También aquí hay excepciones si bien referidas a unas determinadas posiciones en el terreno de juego o a unos concretos planteamientos tácticos. En términos generales, sin embargo, cada futbolista tiende a encontrarse a gusto y eficiente en su juego, buscando aquel espacio en el que se encuentre seguro.

Es comprensible que los futbolistas se ofrezcan a su entrenador para jugar en cualquier sitio, son profesionales y como tales no quieren permanecer en el banquillo. Pero una cosa es el deseo de ser titular siempre y otra que su rendimiento no se resienta ante tantos cambios de sitios en el campo.

Ocupar un determinado sitio, incluso varios, no presenta, en su origen, ningún obstáculo para que desde allí se logren resultados óptimos. La dificultad comienza cuando desde esos espacios ocupados se inicia la acción deportiva. Es decir, cuando desde el estar ahí, estático, quieto, inmóvil, el futbolista empieza a tomar decisiones y transforma ese sitio en una situación dinámica, activa, garante de éxito. A partir de ese momento el futbolista ya no es tan "polivalentemente válido" porque no consigue imprimir ese dinamismo distinto allí donde se siente más seguro. No es el deseo lo que origina ser eficiente en cualquier rincón del campo, sino la capacidad y la resolución de cada jugador.

Encontrar su sitio en la vida y crear vida en ese sitio es deseo común al ser humano. Y en el fútbol, el éxito de los entrenadores será encontrar la adaptación perfecta del jugador a su puesto específico allí donde cada uno domina las situaciones cambiantes del juego. Y no porque se convierta en un ser robotizado y no necesite pensar para moverse sin complicaciones, sino porque al buscar y encontrar la mejor opción lúdica, se instala ahí seguro de sí mismo y seguro de que el equipo le agradece esa forma de actuar.

Si la incertidumbre, tantas veces citada en estas páginas, complica el juego más allá de las previsiones científicamente estudiadas, el no enfrentarse a ella desde una sólida posición de auto-seguridad, obstaculizará aún más el descubrimiento de las soluciones adecuadas.

Bibliografía

NOTA:

Queda ya expuesta (apartado 2.4.2.) una amplia cita de libros de fútbol relativos al "ensayo" y a la "novela".

Exponemos ahora otras citadas sobre temas específicos referidos a la ética en general, a la dirección de equipos y a la historia del fútbol.

- ALABARCES, Pablo (2019. *Fútbol en América Latina*. Turner. Madrid.
- ALDAZ, Juan (2013). *Responsabilidad social. Ética y Deporte*. XII Congreso AEISAD. Ibersaf. Madrid
- ARTETA, Aurelio (2010). *Mal consentido*. Alianza. Madrid
- BAUMAN, Zygmunt (2009). *Ética postmoderna*. Siglo XXI. Madrid.
- BUCETA, José María (1998). P*sicología del entrenamiento deportivo*. Dykinson. Madrid.
- CABELEIRA, Rafa (2018). *Alineación indebida*. Círculo de Tiza. Madrid
- CAGIGAL, José María (1976). *Deporte y agresión*. Planeta. Barcelona.
- CASADO, José Manuel (2016). *Liderazgo Made in Spain*. Empresarial. Madrid
- CASTAÑÓN, Jesús (1993). *El lenguaje periodístico del fútbol*. Universidad. Valladolid.
- CORTINA, Adela (2009). *Las fronteras de la persona*. Taurus. Madrid.
- CRITCHET, Simón (2018). *En qué pensamos cuando pensamos en fútbol*. Sexto piso España. Madrid.
- CRUZ, Manuel (2005). *Las malas pasadas del pasado*. Anagrama. Barcelona.
- CURLETTO, Mario Alessandro (2018). Fútbol y poder en la URSS de Stalin. Altamarea. Madrid.

- DORADO, Alberto-GALLARDO, Leonor (2005). *La gestión del deporte a través de la calidad.* INDE. Barcelona.
- GARCIA MONTERO, Luis-GARCIA SÁNCHEZ, Jesús (2012). *Un balón envenenado.* Visor. Madrid
- GAY DE LIÉBANA, José María (2016). *La gran burbuja del fútbol.* Penguin Random. Barcelona.
- GOLEMAN, Daniel (2013). *Liderazgo.* Ediciones B. Barcelona.
- GOLEMAN, Daniel (2015). *Cómo ser un líder.* Ediciones B. Barcelona.
- GOMÁ, Javier (2009). Ej*emplaridad pública.* Taurus. Madrid.
- GONZÁLEZ, Juliana (1996). *El ETHOS, destino del hombre.* Fondo de Cultura Económica. México.
- HEIFETZ, Ronald (2012). *La práctica del liderazgo adaptativo.* Paidós. Barcelona.
- HEIFETZ, Ronald (2015). *Liderazgo sin respuestas fáciles.* Paidós. Barcelona.
- ITURRIOZ, Jesús María (2017). *El liderazgo en el Siglo XXI.* Gestión. Barcelona.
- KISTNER, Thomas (2015). *Fifa, Mafia.* Roca. Barcelona.
- KUPER, Simon (2014) *Fútbol contra el enemigo.* Contra. Barcelona.
- MARIAS, Julián (1993). *Mapa del mundo personal.* Alianza. Madrid.
- MARINA, José Antonio (2010). *La educación del talento.* Ariel. Barcelona.
- MARIA, José Antonio (2016). *Objetivo: generar talento.* Penguin Random House. Barcelona.
- MATEO, J.-LILLO, J.M. (2003) *Liderar en tiempos difíciles.* Mc.Graw-Hill. Madrid
- NORIN, Edgar (1994). *Introducción al pensamiento complejo.* Gedisa. Barcelona.
- NORIN, Edgar (2002). *La mente bien ordenada.* Seix Barral. Barcelona.

- NUSBAWN, Martha (2012). *Crear capacidades*. Paidós. Barcelona.
- PADILLA, Toni (2017). *Atlas de una pasión efímera*. Geo Planeta.
- PARDEZA, Miguel (2016). *Torneo.* Malpaso. Barcelona.
- RUIZ OLABUÉNAGA, José Ignacio (1995). *Sociología de las organizaciones*. Universidad de Deusto. Bilbao.
- SAVATER, Fernando (2003). *El valor de elegir.* Ariel. Barcelona.
- SCHULZ, Kathryn (2015). *En defensa del error*. Siruela. Madrid.
- SUÁREZ, Orfeo (2015). *Los cuerpos del poder.* Roca. Barcelona.
- TRIAS, Eugenio (2000). *Ética y condición humana*. Península. Barcelona.
- WAHL, Alfred (1997). *Historia del fútbol. Del juego al deporte.* B.S.A. Barcelona.

www.ingramcontent.com/pod-product-compliance
Lightning Source LLC
LaVergne TN
LVHW080454160826
845677LV00006B/1352

* 9 7 8 8 4 1 9 3 8 8 4 7 6 *